丝路流金

丝绸之路
金银货币精华与研究

浙江省博物馆 ◎ 编

文物出版社

图书在版编目（CIP）数据

丝路流金：丝绸之路金银货币精华与研究 / 浙江省
博物馆编 . -- 北京 : 文物出版社 , 2020.12
ISBN 978-7-5010-6904-0

Ⅰ . ① 丝… Ⅱ . ① 浙… Ⅲ . ① 金币（考古）—研究—世
界 ② 银币（考古）—研究—世界 Ⅳ . ① K865.64

中国版本图书馆 CIP 数据核字（2020）第 240427 号

丝路流金——丝绸之路金银货币精华与研究

编　　者：浙江省博物馆

责任编辑：许海意
责任印制：张道奇
装帧设计：谭德毅

出版发行：文物出版社
社　　址：北京市东直门内北小街 2 号楼
邮政编码：100007
网　　址：http://www.wenwu.com
邮　　箱：web@wenwu.com
经　　销：新华书店
制版印刷：北京荣宝艺品印刷有限公司
开　　本：889毫米×1194毫米　1/16
印　　张：18.75
版　　次：2020年12月第1版
印　　次：2020年12月第1次印刷
书　　号：ISBN 978-7-5010-6904-0
定　　价：380.00元

序

　　19世纪，德国地理学家李希霍芬在地图上画了一条线，揭开了丝绸之路的神秘面纱。之后，德国历史学家阿尔巴特·赫尔曼将这条横跨亚欧大陆的通道延伸到了地中海和小亚细亚。这条古代至中世纪中国经中亚通往南亚、西亚及欧洲、北非的陆上贸易通道，就是我们常说的丝绸之路。

　　公元前2世纪起，中国的丝绸、茶叶、铁器、铜器和漆器，和地中海及印度等地的玻璃、宝石、香料和马匹等商品一起，沿着这条商路来来往往，川流不息。然而，真正见证贸易繁荣的却是沿途各国制造的金银货币。

　　目前，世界上公认最古老的金银币大约出现于公元前6世纪的小亚细亚半岛西部的吕底亚王国。之后，波斯阿契美尼德王朝、古希腊城邦等均受其影响，也在公元前6~前5世纪前后出现了金银币。古希腊由于城邦商业贸易的成就，其金银币尤为多姿多彩。随着亚历山大大帝东征，古希腊金银币的风格影响到了西至地中海地区东至印度的广大地区，金银币成为古代丝绸之路各国的通用币材。

　　公元7世纪以后，阿拉伯人征服伊朗和中亚，将伊斯兰教带入东方，其金银币图案被重新设计。伊斯兰诸国制造金银币的传统一直延续到了19世纪。

　　丝绸之路既是一条商贸之路，也是一条货币之路。沿途众多民族和国家的金银货币，是见证古代中国与世界联系的重要文物，也是东西方文化交流和融合的重要润滑剂和助推剂。

浙江省博物馆馆长
2020年7月10日

目 录

图版篇

吕底亚王国钱币（公元前 1300~ 前 546 年）...4
古希腊及地中海沿岸钱币（公元前 510 年至公元前 1 世纪）.....................................5

亚历山大帝国及希腊化时代钱币（公元前 335 年至公元前 1 世纪）.........................17
古罗马钱币（公元前 289~ 公元 476 年）...27
东罗马帝国（拜占庭）钱币（公元 395~1453 年）...42

阿契美尼德王朝钱币（公元前 550~ 前 330 年）...58
帕提亚王朝钱币（公元前 247~ 公元 224 年）...60
萨珊王朝钱币（公元 226~642 年）..67

巴克特里亚—希腊王朝和印度—希腊王朝钱币（公元前 250 年至公元前 1 世纪）........83
印度—塞克王朝钱币（公元前 90~ 公元 10 年）...86
西萨特拉普王朝钱币（公元 35~405 年）..88
梅特拉卡王朝钱币（公元 470~780 年）..90
印度—帕提亚王朝钱币（公元 20~240 年）..91
贵霜王朝钱币（公元 55~425 年）..93
贵霜萨珊王朝钱币（公元 230~977 年）..101
寄多罗王朝钱币（公元 360 年至公元 5 世纪）..103
嚈哒王朝钱币（公元 4~6 世纪）..106
西突厥钱币（公元 560~610 年）..108

北吐火罗钱币（公元 5~7 世纪）..109
花剌子模钱币（公元 4~8 世纪）..110
粟特钱币（公元 4~7 世纪）..111
犍陀罗国钱币（公元前 6 世纪）..113
孔雀王朝钱币（约公元前 324~ 前 185 年）..114
笈多王朝钱币（约公元 320~ 约 540 年）..116

雅达瓦王朝钱币（公元 1100~1313 年）..123

维查耶纳伽尔王朝钱币（公元 1336~1670 年）..125

阿豪马王国（阿萨姆）钱币（公元 13 世纪 ~ 公元 1824 年）..126

倭马亚王朝钱币（公元 661~750 年）..128

阿拔斯王朝钱币（公元 750 年 ~1258 年）..131

图伦王朝钱币（公元 868~905 年）..135

法蒂玛王朝钱币（公元 909~1171 年）..136

阿尤布王朝钱币（公元 12~13 世纪）..138

马穆鲁克王朝钱币（公元 1250~1517 年）..140

鲁姆苏丹国钱币（公元 1077~1308 年）..141

哈夫斯王朝钱币（公元 13~16 世纪）..142

奥斯曼帝国钱币（公元 1299~1923 年）..143

塔希尔王朝钱币（公元 820~872 年）..144

萨曼尼王朝钱币（公元 9~10 世纪）..145

布益王朝钱币（公元 932~1055 年）..148

哥疾宁王朝钱币（公元 962~1186 年）..150

塞尔柱帝国钱币（公元 1037~1194 年）..152

花剌子模钱币（公元 700~1231 年）..153

古尔王朝钱币（公元 1148~1215 年）..155

蒙古帝国钱币（公元 1206 年至公元 17 世纪）..157

帖木儿帝国钱币（公元 1370~1507 年）..166

萨法维王朝钱币（公元 1501~1736 年）..167

阿夫沙尔王朝钱币（公元 1735~1796 年）..169

赞德王朝钱币（公元 18 世纪）..171

卡扎尔王朝钱币（公元 1779~1921 年）..172

昔班尼王朝钱币（公元 1500~1598 年）..174

信德土邦钱币（公元 9~11 世纪）..176

奴隶王朝（库特布沙希王朝）钱币（公元 1206~1290 年）..177

卡尔吉王朝钱币（公元 1290~1320 年）..178

图格鲁克王朝钱币（公元 1320~1413 年）..180

苏尔王朝钱币（公元 1539~1557 年） 181

巴曼苏丹国钱币（公元 1347~1518 年） 182

马尔瓦苏丹钱币（公元 1401~1562 年） 183

古吉拉特苏丹国钱币（公元 1297~1576 年） 184

孟加拉苏丹国钱币（公元 1338~1576 年） 185

江布尔苏丹钱币（公元 1359~1479 年） 186

莫卧尔帝国钱币（公元 1526~1857 年） 187

锡克王国钱币（公元 1707~1849 年） 193

杜兰尼王朝钱币（公元 1747~1818 年） 194

巴拉克宰王朝钱币（公元 1818~1973 年） 196

布哈拉汗国钱币（公元 1785~1920 年） 198

浩罕汗国钱币（公元 1865~1876 年） 199

研究篇

希腊殖民时代的西西里岛钱币史　刘志华 203

古希腊和古罗马钱币制作工艺与特征　周延龄 212

张骞第一次出使西域时所可能见到的西域钱币　袁炜 216

小议古罗马钱币上的罗马军团　王伟力 223

从出土钱币探寻古罗马帝国与印度次大陆的贸易关系　霍博　常昊 230

钱币上的米南德一世王朝　李小萍 234

贵霜王朝钱币上的器具由来及象征意义　王涛 245

贵霜金银币综述　魏祝挺 263

浅谈萨珊银币对唐代丝绸之路贸易之影响　胡琦 270

中国广东省发现的 5 世纪萨珊银币　（英）Joe Cribb　王伟力 译 276

义乌博物馆馆藏丝路货币——安息银币之刍议　陈鲲 280

钱币上的拜火教及其对中国文化的影响　曹光胜 284

图版 篇

吕底亚王国钱币（公元前 1300~前 546 年）

吕底亚王国（Lydia）（公元前 1300~前 546 年），位于小亚细亚中西部。国王克洛伊索斯（Kroisos）统治时期，吕底亚王国征服了小亚细亚全部的希腊城邦，进入全盛时期。大约在公元前 6 世纪开始打造金银币，是世界上最早使用钱币的国家之一。

吕底亚王国狮子 1/3 斯塔特琥珀金币

公元前 561 年

径 10.8~12.9 毫米，重 4.69 克

正面为怒吼狮首，背面为两个方形压印。此币被认为是西方货币体系中最古老的金属币之一。

吕底亚王国狮子公牛 1/2 斯塔特银币

吕底亚王国克罗伊索斯时期（公元前 560~前 547 年），萨第斯（Sardes）城打制

径 35~18 毫米，重 5.3 克

正面是迎面相对的狮子和公牛，背部是两个方形压印。

吕底亚国王克罗伊索斯，因拥有巨额财富而青史留名，以致西方有谚语 "as rich as Croesus"（像克罗伊索斯一样富有）。这种银币也是世界上最早的银币之一。

古希腊及地中海沿岸钱币（公元前 510 年至公元前 1 世纪）

公元前 800 年左右，古希腊进入了小国寡民的城邦时期，先后在希腊本岛、地中海沿岸的伊比利亚半岛、意大利南部、西西里岛、小亚西亚西部、黑海周边、塞浦路斯岛等地建立了 140 余个殖民城邦。各城邦间的贸易、贡税和战争，使得各城邦都打造有自己的钱币。古希腊钱币极具特色，币材以银、金为主；币文通常采用希腊文和拉丁文；钱币图案采用高浮雕的艺术表现手法，内容涉及神话宗教、地域风情、动物植物等。钱币面值和重量，各地也没有统一标准。

西西里阿克拉加斯 2 德拉克马银币

公元前 510~前 472 年，阿克拉加斯（Akragas）城打制

径 18 毫米，重 8.5 克

正面为鹰，上有依稀可见的铭文"AKRAC"；背面为螃蟹。

阿克拉加斯是西西里南方名城，公元前 580 年由杰拉城人创建。公元前 406 年被迦太基人占领，后又成为希腊人和迦太基人争夺的要地。公元前 210 年，成为罗马帝国的一部分。

西西里叙拉古（第二次）民主时代 4 德拉克马银币

公元前 465~前 460 年

径 24 毫米，重 16.8 克

正面是阿瑞杜萨束头带像，周围有 4 只海豚环游，中间有希腊文"ΣΥΡΑΚΟΣΙΟΝ"地名；背面为骑手驾驭驷马车，上有飞翔的奈克女神。

阿瑞杜萨是希腊神话中的山林水泽中的一位仙女，也是阿波罗孪生姐妹阿耳特弥斯的随从。

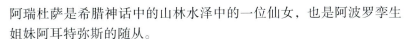

西西里莱昂蒂尼城邦阿波罗和狮头 4 德拉克马银币

公元前 450~前 440 年，西西里东部莱昂蒂尼城邦发行

径 25 毫米，重 17.4 克

正面是太阳神阿波罗戴月桂冠头像；背面是咆哮的狮子头，四周有麦粒和桂叶，铭文是地名。

莱昂蒂尼位于西西里岛东部，公元前 734 年由卡尔基斯人创建。莱昂蒂尼名称来源于"Lion"（狮子），因此以狮子头为城徽。其城邦农业发达，盛产谷物，故狮头外有麦粒。

西西里卡马雷纳城邦大力神和驷马车 4 德拉克马银币

公元前 425~前 405 年，西西里岛卡马雷纳城邦发行

径 24 毫米，重 16.9 克

正面为戴狮头帽的大胡子赫拉克勒斯侧面头像，铭文是地名；背面战神和智慧女神雅典娜驾驭驷马车向左飞奔，上方有胜利女神加冕花环。

西西里迦太基区西库尔—布匿式 4 德拉克马银币

公元前 350 年

径 25 毫米，重 17.1 克

正面是阿瑞杜萨侧面头像及海豚图；背面是象征迦太基城的马和棕榈树。

公元前 4 世纪开始，西西里大部分地区处于迦太基人的控制下，岛上主要有两个造币地：齐兹（Ziz）和帕诺慕斯（Panormus）。公元前 350 年后，"拉什—迈尔卡特"（Rash-Melkarth）也是重要的造币地。这些造币地打制的钱币是仿制叙拉古的 4 德拉克马，用阿瑞图萨头像代表迦太基女神坦尼特（Tanit），钱币图案用迦太基城徽，即马和棕榈树。

西西里岛阿加索克利斯阿波罗 50 里拉金币

公元前 317~前 289 年，锡拉库萨造币厂打制

径 15.2 毫米，重 3.55 克

正面是阿波罗头戴桂冠面右头像；背面是太阳神三角祭坛。

阿加索克利斯，叙拉古的僭主（公元前 317 或前 316~前 289 年
在位）。

西西里叙拉古 4 德拉克马银币

公元前 317~前 289 年

径 24 毫米，重 16.8 克

正面是阿瑞杜萨侧面头像及海豚图；背面是骑手驾驭驷马车，
上有三曲腿图案。

西西里迦太基区西库尔—布匿式 4 德拉克马银币

公元前 300~前 289 年

径 24 毫米，重 17 克

正面是赫拉克勒斯狮皮盔头像；背面为马头像和棕榈树，下方
为布匿文财政官名。

西西里岛原住民为西库尔（Siculi）人。罗马人称建立北非迦太
基城的腓尼基人（Phoenician）为布匿人（Punic），称西西里岛的
迦太基人殖民城邦为布匿人城邦，所打制的钱币被称为西库尔—布
匿式（Siculi-Punic）币。

卢卡尼亚图雷阿 1 诺姆斯银币

公元前 300~280 年
径 20 毫米，重 8.02 克

正面是戴阿提卡式头盔雅典娜像，头盔上有斯库拉女妖像；背面是公牛顶撞像，上方的币文为地名 "ΘΟΥΡΙΩΝ"。

斯库拉女妖是希腊神话中吞吃水手的女海妖。她的身体有六个头十二只脚，猫的尾巴。她守护在墨西拿海峡的一侧，这个海峡的另一侧为有名的卡律布狄斯（Charybdis）漩涡。当船只经过时，她就要吃掉船上的六名船员。

雅典城 4 德拉克马银币

公元前 480~前 475 年，雅典城打制
径 25 毫米，重 17.2 克

正面为雅典城守护神雅典娜戴橄榄枝花环阿提卡式头盔头像；背面为猫头鹰、橄榄枝、新月和雅典的缩写文字 "AΘE"。

雅典娜是战神、智慧之神和雅典城的守护神。猫头鹰是雅典城的守护鸟，为雅典娜传递消息，是智慧的象征。早期猫头鹰银币没有花环装饰。公元前 480 年以后，猫头鹰银币在雅典娜阿提卡式头盔上装饰橄榄枝花环，据说是为了纪念希腊人战胜薛西斯波斯大军。这是雅典鼎盛时期的主要货币，也是地中海地区的硬通货。

底比斯（忒拜）1 标准重银币

公元前 370~前 330 年，底比斯（忒拜 Thebes）打制
径 21 毫米，重 12 克

正面采用波也奥提亚盾牌；背面为双耳瓶，瓶外有 "ΑΓΛΑ" 字母，通常为监督官员名字的缩写。这些字母也是钱币断代及鉴别造币厂的标识。这种银币在希腊和伯罗奔尼撒的窖藏中较为常见。

底比斯是古希腊名城，曾是狄奥尼索斯和赫拉克勒斯的出生地和许多传奇故事的发生地。

黑海阿波罗尼亚美杜莎 4 奥波银币

公元前 5 世纪，色雷斯阿波罗尼亚（Pontika）打制
径 13 毫米，重 2.9 克

面值 4 奥波（1 obol=0.71 克）。正面蛇发女妖美杜莎；背面是船锚、龙虾（crayfish）和地名阿波罗尼亚的首字母缩写"Λ"。

阿波罗尼亚是一座古老的黑海海滨城市，意为"海上的阿波罗城"，公元前 7 世纪由色雷斯人建立。

爱奥尼亚斯芬克斯琥珀金币

公元前 412~前 378 年，福基亚地区打制
径 10.5 毫米，重 2.51 克

正面为带翼的狮子半身像；背面为斯芬克斯像。

爱奥尼亚是最早使用钱币的地区之一。公元前 412 年伯罗奔尼撒战争期间，在斯巴达的帮助下，福基亚反叛雅典。公元前 387 年签订安塔达斯和约后，福基亚再次被波斯所统治。这枚金币就是这一时期打制的。

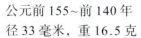

爱奥尼亚马格尼西亚 4 德拉克马银币

公元前 155~前 140 年
径 33 毫米，重 16.5 克

正面为阿耳特弥斯束头带侧面像，肩上有箭袋；背面是月桂环内阿波罗站像，身后有高足三足祭坛。右侧希腊文"MAΓNHTΩN"，是地名；左侧是希腊文"ΠΑΥΣΑΝΙΑΣ ΠΑΥΣΑΝΙΟΥ"，是地方官名。

马格尼西亚位于爱奥尼亚南部。

爱奥尼亚赫拉克利亚城雅典娜女神 4 德拉克马银币

公元前 140~前 135 年，Herakleia ad Latmon 打制

径 32 毫米，重 16.8 克

正面为战神和智慧女神雅典娜戴阿提卡式头盔头像，头盔上装饰有飞马和驷马车；背面为橡树花环中的狼牙棒，下方有胜利女神加冕桂冠，铭文是地名。

公元前 2 世纪早期，罗马在与希腊化王国的战争中获胜，小亚细亚西部一些城市获得自治，这些城邦打制了一批形制、风格和用途相同的 4 德拉克马银币。这类银币直径宽大，打制精良，背面用花环装饰，被称为花环式银币。

科林斯琉卡斯城 2 德拉克马银币

公元前 405~前 345 年，科林斯城及其殖民地发行

径 21 毫米，重 7.5 克

此为科林斯 1 标准重银币，重量在 8 克左右。正面为戴科林斯头盔的雅典娜左侧头像，头后面有字母和各种图案；背面为飞马珀伽索斯，马腹下有代表科林斯地区琉卡斯城的希腊语首字母"Λ"。

飞马珀伽索斯为科林斯城及其殖民城邦的城徽，这是伯罗奔尼撒战争后典型的科林斯银币。

科林斯西锡安 1 标准重银币

公元前 350~前 340 年

径 23 毫米，重 12.2 克

正面为喀迈拉怪兽像，上有一花环，下有字母"ΣE"，为地名缩写；背面为橄榄枝环中有一白鸽。

西锡安位于科林斯地峡西部。喀迈拉是一个鹰首狮身羊脊蛇尾的怪兽。

罗德岛赫利俄斯玫瑰花 2 德拉克马银币

公元前 387~前 304 年，罗德岛造币厂打制

径 20 毫米，重 6.8 克

正面为太阳神赫利俄斯正面头像。背面是盛开的玫瑰，上有希腊文"PO∆ION"罗德岛；下面有一个字母"P"，应是监造官的姓名缩写。

罗德岛（Rhodes）以盛产玫瑰花闻名，太阳神赫利俄斯是该岛的守护神。

色萨利东洛克雷斯 1 标准重银币

公元前 372~前 350 年

径 21 毫米，重 12 克

正面是珀耳塞福涅左侧面像；背面是埃阿斯持盾站像，胯下有一圆盾，周边为希腊文地名"OΠONTIΩN"。

潘俄尼亚卢凯俄斯 4 德拉克马银币

公元前 356~335 年

径 21.7 毫米，重 12.4 克

正面连珠圈内戴月桂冠的宙斯头像；背面为赫拉克勒斯与涅莫亚森林猛狮搏斗图。

潘俄尼亚位于色雷斯北部黑海西岸，相当于现在的保加利亚和罗马尼亚共和国。赫拉克勒斯有 12 项大功绩，其中最著名的就是杀死了祸害一方的涅墨亚森林巨狮。古希腊钱币上常见的大力神头戴狮皮盔，肩披狮皮，图案中的狮皮就是来自这只涅墨亚森林狮子。

蕾丝岛米蒂利尼城 1/6 斯塔特琥珀金币

公元前 377~326 年

径 10.4 毫米，重 2.55 克

正面是戴桂叶冠的太阳神阿波罗；背面是月神阿尔忒弥斯。

莱斯沃斯岛（Lesbos）是紧挨着小亚细亚海岸的希腊岛屿。岛名 Lesbos 就是"lesbian"的词源，源于著名女诗人萨福（Sappho）。萨福出生于莱斯沃斯岛的贵族家庭，创办过一所学校，专门接收贵族女子。

迦太基坦尼特女神 1 斯塔特琥珀金币

公元前 310~前 270 年

径 19.2 毫米，重 7.37 克

正面是坦尼特女神麦穗冠侧面像；背面为站立的高头大马。

公元前 9 世纪，腓尼基人殖民北非，建立迦太基城，后发展成为北非海运商业贸易重要城市。坦尼特（Tanit）传为巴力神之妻，是迦太基人崇拜的女神。"马"是迦太基币中常用的图案，造型生动自然，可与希腊古典名币媲美。

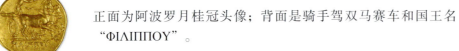

马其顿王国腓力二世 1 斯塔特金币

公元前 356~前 336 年，安菲波利斯造币厂（Amphipolis）打制

径 18.8 毫米，重 8.56 克

正面为阿波罗月桂冠头像；背面是骑手驾双马赛车和国王名"ΦΙΛΙΠΠΟΥ"。

腓力二世曾在古希腊的奥林匹克运动会中赢得双马赛车冠军，金币采用此图案具有纪念意义。

马其顿王国腓力二世 4 德拉克马银币

公元前 359~前 336 年，安菲波利斯造币厂（Amphipolis）打制

径 25 毫米，重 14.2 克

正面为宙斯月桂冠头像；背面为赛马骑士像和国王名 "ΦΙΛΙΠΠΟΥ"。

通常认为，此类币是为纪念腓力二世在奥林匹克运动会上赛马获胜而制造的。

马其顿王国腓力二世 4 德拉克马银币

公元前 359~前 336 年，佩拉（Pella）造币厂打制

径 26 毫米，重 14.3 克

正面为宙斯月桂冠头像；背面为国王腓力二世头戴马其顿扁帽致胜利礼的骑马像和国王名 "ΦΙΛΙΠΠΟΥ"。马前腿下有一弓图，马下有一疑似虎回头的纹饰。

意大利塔兰托 2 德拉克马银币

公元前 333~前 330 年，南意大利塔兰托地区打制

径 21 毫米，重 7.9 克

正面是年轻骑士持矛骑马像，马身下有 "API" 字母；骑士一手持矛，一手给马戴上象征胜利的花环。背面是海神波塞冬之子塔拉斯一手持矛，一手持酒杯，骑在海豚背上，两侧有 "ΛΛ" 和 "ΤΑΡΑΣ"。

塔兰托（Tarentum），也叫塔拉斯（taras）或塔伦顿，位于今意大利最南端的卡拉布里亚地区，是斯巴达人在公元前 7 世纪建立的子邦。古城的名字来源于神话人物塔拉斯，他是海神波塞冬与仙女萨图拉（Satyra）的儿子，传说他在海上遇险，波塞冬派出海豚救助。因此，塔拉斯钱币常以此为图案。此类银币品种很多，大同小异。

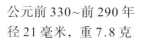

意大利梅塔蓬 1 诺姆斯银币

公元前 330~前 290 年
径 21 毫米，重 7.8 克

正面是得墨忒尔女神头戴花环侧面像；背面是 7 粒麦穗，左叶片上有赫卡特手持火炬，叶下方有地方官名 "ΔΑ"，右侧是地名 "META"。

公元前 770 年，希腊亚该亚人在琉基帕斯的领导下建立了梅塔蓬城。梅塔蓬位于意大利南部塔兰托湾内，土地肥沃，农业发达。崇拜种植女神得墨忒尔，并以麦穗为城徽。

意大利卢卡尼亚韦利亚 2 德拉克马银币

公元前 300~前 280 年，韦利亚（Velia）打制
径 22 毫米，重 7.5 克

正面为戴阿提卡式头盔的雅典娜神像，头后有字母 "P"；背面为站狮，上有字母 "Φ"，下面有地名 "ΥΕΛΗΤΩΝ"。

马其顿行省普鲁斯特 4 德拉克马银币

公元前 158~前 149 年，安菲波利造币厂打制
径 33 毫米，重 16.9 克

正面为阿尔忒弥斯女神侧面头像；背面为橡叶环与棍棒，希腊语地名 "ΜΑΚΕΔΟΝΩΝ ΠΡΩΤΗΣ"，意思是马其顿普鲁斯特。

罗马管辖下的马其顿王朝，有 4 个自治区，其中普鲁斯特是其中的一个。

马其顿行省财务官埃西拉斯 4 德拉克马银币

公元前 95~前 70 年，马其顿行省打制

径 27.5 毫米，重 16.2 克

正面为神化的亚历山大大帝侧面像，发后有 "Θ" 字母。背面是花环环绕的一组钱柜、棍棒、凳子；上有 "AESILLAS"，下方有字母 "q"，是财务官的缩写。

萨索斯岛酒神狄奥尼索斯 4 德拉克马银币

公元前 148~前 80 年，爱琴海北部萨索斯岛打制

径 28.42 毫米，重 15.94 克

正面为酒神狄俄尼索斯（Dionysos）戴葡萄藤花冠头像；背面为大力神赫拉克勒斯（Herakles）手持狼牙棒和狮子皮站像，周围有希腊文 "ΣΩΤΗΡΟΣ ΗΡΑΚΛΕΟΥΣ"，意为 "救世主赫拉克勒斯"，还有两个 "M" 造币厂名缩写。脚线下铭文为地名 "ΘΛΞΙΩN"（萨索斯）。

帕加马蛇篮图 4 德拉克马银币

公元前 2 年至公元前 1 世纪，帕加马王国或当地总督发行

径 27.5 毫米，重 12.7 克

正面为蛇从蛇篮爬出，周围长青藤花饰；背面是双蛇缠绕在一个弓鞘上。在西方，蛇象征健康和医疗。这种蛇篮银币是当时希腊东部地区的硬通货，先后有 20 多个城邦打制这一图案的银币。

亚历山大帝国及希腊化时代钱币（公元前 335 年至公元前 1 世纪）

公元前 336 年，年仅 20 岁的亚历山大三世继任马其顿王国国王。他建立了继波斯阿契美尼德王朝之后第二个横跨亚欧非三洲的庞大帝国。亚历山大大帝打制的钱币通常采用神话中的大力神赫拉克勒斯、宙斯、雅典娜和胜利女神像，寓意"伟大与战无不胜"。随着军队的不断东进，为了满足军队和士兵的开销，不得不利用所占城市的造币厂大量生产钱币。可以说，亚历山大大帝钱币是当时使用最为广泛且数量最多的流通货币。公元前 323 年，亚历山大大帝英年早逝，帝国分裂为马其顿、塞琉古、托勒密、色雷斯等王国。但他们制造的钱币大多仍继承了亚历山大大帝钱币的风格。

马其顿王国亚历山大大帝 1 斯塔特金币

公元前 336~前 323 年，安菲波利斯造币厂（Amphipolis）打制
径 16 毫米，重 7.7 克

正面为戴柯林斯盔雅典娜神像；背面为双翼胜利女神手持一船桅杆站像，右侧是国王名"ΑΛΕΞΑΝΔΡΟΥ"（亚历山大）。

此时，亚历山大大帝正准备出征波斯帝国，选择胜利女神像是希望取得战争胜利。

马其顿王国亚历山大大帝（在世版）4 德拉克马银币

公元前 336~前 323 年
径 26.4 毫米，重 17.2 克

正面为戴狮皮盔大力神赫拉克勒斯头像，背面为左手持杖右手托持鹰宙斯坐像，侧面有"ΑΛΕΞΑΝΔΡΟΥ"（亚历山大）。

马其顿王国亚历山大大帝 4 德拉克马银币

公元前 336~前 323 年
径 24.5 毫米，重 17.2 克

正面为戴狮皮头盔的大力神赫拉克勒斯头像。背面宙斯坐像，左手持杖，右手托鹰，下方 "ΒΑΣΙΛΕΩΣ"（国王）；侧面有 "ΑΛΕΞΑΝΔΡΟΥ"（亚历山大）。

马其顿王国腓力三世 1 斯塔特金币

公元前 323~前 317 年，巴比伦造币厂打制
径 18.5 毫米，重 8.5 克

正面为戴柯林斯盔雅典娜神像；背面为双翼胜利女神手持一船桅杆站像，下方有字母 "ΛΥ"，右侧是国王名 "ΒΑΣΙΛΕΩΣ ΦΙΛΙΠΠΟΥ"（国王腓力）。

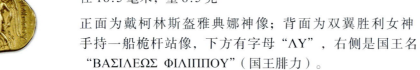

塞琉古王国亚历山大大帝 4 德拉克马银币

公元前 312~前 300 年，巴比伦造币厂打制，塞琉古王国塞琉古一世发行
径 25.24 毫米，重 17.3 克

正面为戴狮皮盔大力神赫拉克勒斯头像；背面为持鹰宙斯坐像，鹰下面有一个橄榄枝花环，坐像下有 "MI" 两个字母（可能是造币厂的标识）和 "ΒΑΣΙΛΕΩΣ"（国王）；侧面有 "ΑΛΕΞΑΝΔΡΟΥ"（亚历山大）。

塞琉古一世在公元前 312~前 305 年为叙利亚总督，故该银币仍以亚历山大大帝之名。

塞琉古王国安条克三世 4 德拉克马银币

公元前 223~前 187 年

径 30 毫米，重 16.9 克

正面为国王束头带面右头像。背面为阿波罗坐像，一手持弓一手持箭，面左坐于脐石上；左右希腊文 "ΒΑΣΙΛΕΩΣ ΑΝΤΙΟΧΟΥ"（安条克国王）。

塞琉古王国塞琉古四世 1 德拉克马银币

公元前 187~前 175 年

径 16.1 毫米，重 4 克

正面为国王束头带面右头像。背面为阿波罗坐像，一手持弓一手持箭，面左坐于脐石上；左右希腊文 "ΣΕΛΕΥΚΟΥ ΒΑΣΙΑΕΩΣ"（塞琉古国王）。

塞琉古王国德米特里一世 4 德拉克马银币

公元前 162~前 150 年

径 29 毫米，重 16.6 克

正面为国王德米特里一世头像；背面为一手持丰饶角一手持剑的提喀女神坐像，座椅下有一小海神特里同，两侧是希腊文 "ΒΑΣΙΛΕΩΣ ΔΗΜΗΤΡΙΟΥ ΣΩΤΗΡΟΣ"（救世主德米特里国王）。

塞琉古王国安条克七世 4 德拉克马银币

公元前 138~前 129 年
径 29.5 毫米，重 16.1 克

正面国王束头带面右头像；背面为雅典娜，一手托奈克女神，一手持杖，面左而立，左右希腊文 "ΒΑΣΙΛΕΩΣ ΑΝΤΙΟΧΟΥ ΕΥΕΙΓΕΤΟΥ"（仁慈的安条克国王）。

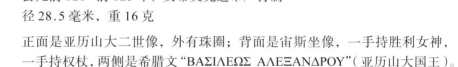

塞琉古王国亚历山大二世 4 德拉克马银币

公元前 128~前 123 年，安蒂奥克造币厂打制
径 28.5 毫米，重 16 克

正面是亚历山大二世像，外有珠圈；背面是宙斯坐像，一手持胜利女神，一手持权杖，两侧是希腊文 "ΒΑΣΙΛΕΩΣ ΑΛΕΞΑΝΔΡΟΥ"（亚历山大国王）。

塞琉古王国安条克八世 4 德拉克马银币

公元前 121~前 113 年，安蒂奥克造币厂打制
径 30.5 毫米，重 16.7 克

正面为国王安条克八世头像。背面为手持芒星和手杖的宙斯神像，脚下有一盾牌；两侧是希腊文 "ΒΑΣΙΛΕΩΣ ΑΝΤΙΟΧΟΥ ΕΠΙΦΑΝΟΥΣ"（高贵的安条克国王）。

塞琉古王国安条克九世 4 德拉克马银币

公元前 113~前 95 年，大马士革（Damaskos）造币厂打制
径 29 毫米，重 16.6 克

正面为国王安条克九世头像；背面为手持胜利女神和长矛的雅典娜神像，脚下有一盾牌。两侧是希腊文 "ΒΑΣΙΛΕΩΣ ΑΝΤΙΟΧΟΥ ΦΙΛΟΠΑΤΟΡΟΣ"（爱父的安条克国王）。

塞琉古王国腓力一世 4 德拉克马银币

公元前 98~前 83 年，安蒂奥克造币厂打制
径 27 毫米，重 15.4 克

正面为国王腓力一世头像；背面为手持胜利女神和权杖的宙斯坐像。两侧是希腊文 "ΒΑΣΙΛΕΩΣ ΦΙΛΙΠΠΟΥ ΕΠΙΦΑΝΟΥΣ ΦΙΛΑΔΕΛΦΟΥ"（高贵的爱兄弟的腓力国王）。

塞琉古独立城市塞琉西亚 4 德拉克马银币

公元前 95~前 94 年
径 31 毫米，重 14.2 克

正面为幸运女神像；背面为宙斯雷电、绶带及支架，上面是 "ΣΕΛΕΥΚΕΩΝ ΤΗΣ ΙΕΡΑΣ"，下面是 "ΚΑΙ ΑΥΤΟΝΟΜΟΥ"。在支架脚之间有 "ΕΙ"，表示打制年份 15，即公元前 95~前 94 年，底下有 "Δ"，周围有花环。

塞琉西亚（Seleukeia）是 Pieria 山脚下一个重要的海滨城市，是塞琉古一世于公元前 300 年营建的。作为安条克的外港城市和要塞，塞琉西亚于公元前 109~前 108 年成为独立的城市。

托勒密王朝托勒密一世 4 德拉克马银币

公元前 319~前 315 年

径 26.5 毫米，重 16.3 克

正面是亚历山大大帝象鼻盔头像；背面是雅典娜手持矛和盾站像，下方一鹰站在霹雳上，左侧希腊文 "ΑΛΕΞΑΝΔΡΟΥ"（亚历山大）。

此时的托勒密一世仍为埃及总督，先后在孟菲斯、亚历山大城、昔兰尼等地造币，故沿用亚历山大大帝名号。公元前 305 年，托勒密一世建立以埃及为中心的托勒密王朝。

托勒密王朝亚历山大大帝 4 德拉克银币

公元前 316 年，推罗造币厂打制

径 26 毫米，重 16.9 克

正面为戴狮皮盔大力神头像；背面为持鹰宙斯坐像与国王名 "ΑΛΕΞΑΝΔΡΟΥ"（亚历山大）。宙斯托鹰的胳膊下方有四个腓尼基字母 "RY 34"，表明了年号，属于旧推罗国王阿则米卡斯纪年，即公元前 316 年。

公元前 332 年，亚历山大征讨腓尼基，围攻推罗（Tyre）长达六个月，最终破城。在推罗城被围困之时，拜布罗斯向亚历山大投降。公元前 323 年，亚历山大大帝去世后，爆发了著名的继业者战争，马其顿的腓力三世、埃及的托勒密一世、马其顿的独眼将军安提柯一世和亚洲的塞琉古等都相继获得过推罗的统治权。

托勒密王朝托勒密二世 4 德拉克马金币

公元前 265~前 246 年，亚历山大造币厂打制

径 21 毫米，重 3.79 克

正面是托勒密二世和阿尔西诺伊二世双人头像，上方希腊文 "ΑΛΕΛΦΩΝ"（爱兄弟者）；背面为托勒密一世和贝勒奈西一世双人头像和希腊文 "ΘΕΩΝ"（神）。

按埃及传统，逝世的法老被奉为神。这是托勒密王朝打造的著名的 "神化兄妹" 系列纪念金币之一。

4 德拉克马金币可兑换 50 德拉克马银币。

托勒密王国托勒密二世 4 德拉克马银币

公元前 285~前 246 年，亚历山大造币厂打制

径 27 毫米，重 13.6 克

正面为国王托勒密二世头像；背面为抓着闪电杖的猎鹰，前面有一圆盾；外侧有希腊文 "ΠΤΟΛΕΜΑΙΟΥ ΒΑΣΙΛΕΩΣ"（托勒密国王）。

托勒密王国托勒密六世 4 德拉克马银币

公元前 163~前 145 年

径 26.2 毫米，重 14 克

正面国王束头带面右头像；背面雄鹰抓握霹雳，左右希腊文 "ΠΤΟΛΕΜΑΙΟΥ ΒΑΣΙΛΕΩΣ"（托勒密国王）。

托勒密王国托勒密九世 4 德拉克马银币

公元前 116~前 106 年，塞浦路斯帕福斯造币厂打制

径 24 毫米，重 13.2 克

正面为国王托勒密九世头像。背面为抓着闪电杖的猎鹰，左侧有字母 "LΔ"，Δ 是希腊数字 9，表示即位第 9 年，托勒密九世即位是公元前 116 年，第 9 年是前 107 年；右侧有字母 "ΠΑ"，指 "Paphos"（帕福斯造币厂），外侧有希腊文 "ΠΤΟΛΕΜΑΙΟΥ ΒΑΣΙΛΕΩΣ"（托勒密国王）。

色雷斯王国利西马科斯 4 德拉克马银币

公元前 297~前 281 年，兰普萨柯斯（Lampsacus）造币厂打制
径 29 毫米，重 16.6 克

正面为亚历山大大帝戴阿蒙神公羊角像；背面为手持胜利女神的雅典娜坐像，胜利女神下面有一个表示造币厂的符号 "ΗΡ"，右下方有一盾牌，两侧有希腊文 "ΛΥΣΙΜΑΧΟΥ ΒΑΣΙΛΕΩΣ"（利西马科斯国王）。

利西马科斯（Lysimachos）是亚历山大大帝的近身护卫官之一，亚历山大逝世后夺取了色雷斯和小亚西亚地区，并于公元前 306 年称王，建立阿加索克利斯王朝，成为色雷斯王国及小亚细亚国王（公元前 306~前 281 年）、马其顿国王（公元前 288~前 281 年）。

公元前 331 年，亚历山大曾访问埃及锡瓦（Siwa）阿蒙神庙，祈求神谕，并自称为阿蒙神之子，公羊是阿蒙的神兽。利西马科斯在公元前 297 年打制亚历山大大帝像钱币时，将公羊角戴在了亚历山大大帝头上，意为受神的庇护，是神的化身。

色雷斯王国利西马科斯 4 德拉克马银币

公元前 297~前 281 年，兰普萨柯斯（Lampsacus）造币厂打制
径 29 毫米，重 16.8 克

正面为亚历山大大帝戴阿蒙神公羊角像，背面为手持胜利女神和长矛的雅典娜坐像，右下方有一盾牌，座位下有一个月牙纹，两侧有希腊文 "ΛΥΣΙΜΑΧΟΥ ΒΑΣΙΛΕΩΣ"（利西马科斯国王）。

色雷斯王国利西马科斯 4 德拉克马银币

公元前 297~前 281 年，兰普萨柯斯（Lampsacus）造币厂打制

径 30 毫米，重 17.1 克

正面为亚历山大大帝戴阿蒙神公羊角像；背面为手持胜利女神和长矛的雅典娜坐像，右下方有一盾牌，下方有一个几何纹饰，两侧有希腊文"ΛΥΣΙΜΑΧΟΥ ΒΑΣΙΛΕΩΣ"（利西马科斯国王）。

弥森布里亚亚历山大大帝式 4 德拉克马银币

公元前 250~前 175 年

径 29 毫米，重 16.72 克

正面为高浮雕的大力神赫拉克勒斯戴狮皮盔头像；背面是主神宙斯坐像，手持权杖托起雄鹰。

弥森布里亚（Mesambria）是古色雷斯的一个重要希腊城市，位于尤辛海岸和海默斯山脚下。最早是多利安人的一个殖民地，以其创始人梅纳斯的名字命名。公元前 425 年，这座城市加入了雅典领导的提洛同盟。亚历山大东征后，归入亚历山大帝国。

本都王国米特拉达提斯六世 1 斯塔特金币

公元前 88~前 86 年，卡拉提斯造币厂打制

直 18.6 毫米，重 8.24 克

正面是神化的戴公羊角亚历山大大帝头像；背面为雅典娜手持奈克女神坐像，身后有盾，座像下有币文"ΚΑΑ"和三叉戟，臂下有币文"ΗΡΟ"，两侧希腊文"ΒΑΣΙΛΕΩΣ ΛΥΣΙΜΑΧΟΥ"（利西马柯斯国王）。

此币是米特拉达提斯六世以色雷斯利西马柯斯的名义打制的。卡拉提斯位于色雷斯北部莫西亚黑海之滨。

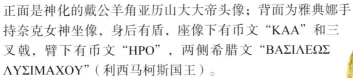

古罗马钱币（公元前 289~公元 476 年）

公元前 2 世纪，汉武帝派遣张骞出使西域，成功开启了丝绸之路。在罗马，一种由中国丝绸制成的长袍深受广大女性的喜爱；中国富人则更喜爱罗马的玻璃和黄金制品。

古罗马钱币是从公元前 3 世纪开始制造的，至公元 476 年西罗马帝国灭亡的 700 多年里，发行了不同种类、不同材质的众多钱币。国家发行的钱币通常采用贵重的金和银，行省发行的钱币则以铜币为主。钱币的图案多采用君王及皇亲国戚群像等；币文趋于规范，采用拉丁文，正面通常是皇帝名号，背面是罗马神像名及造币厂名等；币值重量基本统一，虽然也有不断更名和减重的现象，但基本保持一致，得以长期流通。

罗马共和时期雅努斯 2 德拉克马银币

公元前 225~前 212 年
径 22 毫米，重 6.6 克

正面是雅努斯两面神无须头像；背面是朱庇特手持权杖和霹雳，驾驷马车，身后为维多利亚胜利女神。下方为 "ROMA"（罗马）。

罗马共和国罗马女神 1 第纳尔银币

公元前 152 年
径 20 毫米，重 3.7 克

正面为戴盔罗马女神头像，头后有字母 "X"；背面为维多利亚胜利女神架驷马双轮战车，下面是拉丁文制币官名 "LRERAI" 和 "ROMA"（罗马）字样。

罗马共和国罗马女神 1 第纳尔银币

公元前 152 年

径 18 毫米，重 3.9 克

正面为戴盔罗马女神侧面头像；背面为维多利亚女神驾两驾马车，下面是
拉丁文制币官名"CCAT"和"ROMA"（罗马）。

罗马将帅时期科松王国 1 斯塔特金币

公元前 1 世纪中叶

径 21 毫米，重 8.3 克

正面为三人像，中间是古罗马执行官，前后二人是手持束
斧杖的护卫官；左下角是"BA"国王缩写，横线下希腊文
"ΚΟΣΩΝ"（科松）。背面是一站鹰立在权杖上，另一爪抓
一花环。

罗马帝国尼禄 1 奥雷金币

公元 64~65 年

径 18.5 毫米，重 7.31g 克

正面为戴桂冠的尼禄头像，两侧拉丁文"NERO CAESAR"
（尼禄 凯撒）；背面为头戴芒冠作太阳神装扮的尼禄，一
手持树枝，一手持地球上的维多利亚女神，两侧拉丁文是
"AVGVSTVS GERMANIGVS"（奥古斯都 日耳曼征服者）。

尼禄，罗马帝国第五位皇帝，公元 54~68 年在位。

罗马帝国图拉真 1 奥雷金币

公元 98~117 年

径 19 毫米，重 7.3 克

正面是皇帝图拉真头像与拉丁文名号及头衔 "IMP CAES NER TRAIAN OPTIM AVG GER MDAC"（"最高统帅 凯撒 涅尔瓦 图拉真 最佳的 奥古斯都 日尔曼和达西亚征服者"）；背面为太阳神 面右头像与拉丁文名号及头衔 "PARTHICO PM TRP COSVI PP SPQR"（帕提亚征服者 大祭司 保民官 6 届执政官 国父 元老院和罗马人民）。

图拉真，古代罗马安敦尼王朝第二任皇帝，曾获得了罗马元老院赠予的"最佳元首"称号。

罗马帝国图拉真 1 第纳尔银币

公元 98~117 年

径 18 毫米，重 3.5 克

正面为皇帝图拉真月桂冠头像与拉丁文铭文，意为"最高统帅 图拉真 奥古斯都 日尔曼征服者 大祭司 保民官"；背面为胜利女神站像及币文。

罗马帝国哈德良 1 奥雷金币

公元 117~125 年

径 18.9 毫米，重 7.13 克

正面是皇帝哈德良头像与拉丁文名号及头衔 "IMP CAESAR TRAIAN HADRIANVS AVG"（最高统帅 凯撒 图拉真 哈德良 奥古斯都）；背面为朱庇特站像及币文 "PM TRP COSIII"（大祭司 保民官 三届执政官）。

哈德良，罗马帝国安敦尼王朝的第三位皇帝，五贤帝之一。

罗马帝国安敦尼庇护 1 奥雷金币

公元 138~161 年

径 18.7 毫米，重 7.16 克

正面是皇帝安敦尼头像与拉丁文名号及头衔 "ANTONINYS AVG PIVS PP TRP COSIII"（安敦尼 奥古斯都 虔诚者 国父 保民官 三届执政官）；背面为朱庇特座像及币文 "IMPERA TORΠ"（最高统帅）。

安敦尼·庇护，罗马帝国安敦尼王朝的第四位皇帝，五贤帝之一。在他统治时期帝国达到全盛顶峰，五贤帝的统治时期甚至因此被称为"安敦尼王朝"。

罗马帝国皇后大福斯蒂娜 1 奥雷金币

公元 141 年后打制的追思币

径 18 毫米，重 7.4 克

正面是皇后大福斯蒂娜头像与拉丁文名号及头衔 "DIVA AVG FAVST"（先圣 奥古斯都 福斯蒂娜）；背面为虔诚神站像及拉丁文 "PIETAS AVG"（虔诚 奥古斯都）。

大福斯蒂娜，罗马帝国国王安敦尼庇护的皇后。

罗马帝国塞维鲁 1 第纳尔银币

公元 193~211 年，罗马造币厂打制

径 18.5 毫米，重 3.7 克

正面为皇帝塞维鲁头像与拉丁文名号及头衔"塞维鲁 虔诚者 奥古斯都"；背面为健康女神站像和拉丁文币文，意为"大祭司 保民官 三届执政官 国父"。

罗马帝国塞维鲁 1 奥雷金币（印度或斯里兰卡贸易模仿版）

公元 2~3 世纪

径 19.6 毫米，重 6.74 克

正面为皇帝塞维鲁头像与拉丁文名号及头衔；背面为抽象化的胜利女神站像。

罗马帝国盖塔 1 第纳尔银币

公元 209~212 年，罗马造币厂打制

径 20 毫米，重 3.1 克

正面为共治皇帝盖塔头像与拉丁文名号及头衔；背面为天意神站像及币文。

盖塔是塞维鲁和多姆娜的小儿子，公元 211 年与卡拉卡拉共同执政 10 个月后被谋杀。

罗马帝国卡拉卡拉 1 第纳尔银币

公元 209~212 年，罗马造币厂打制

径 18 毫米，重 3.1 克

正面为卡拉卡拉儿时头像与拉丁文名号及头衔；背图为卡拉卡拉与弟弟盖塔站像及币文。

因卡拉卡拉谋杀盖塔后，在罗马境内实行记忆消失法，凡盖塔的画像与雕塑全部销毁。

罗马帝国卡拉卡拉 1 第纳尔银币

公元 211~217 年，罗马造币厂打制
径 18.5 毫米，重 2.9 克

正面为皇帝卡拉卡拉月桂冠头像与拉丁文名号及头衔；背面为自由神站像和币文。

卡拉卡拉是塞维鲁与多姆娜的大儿子。公元 211 年，与他的兄弟盖塔一起被拥立为共治帝。

罗马帝国埃拉伽巴努斯 1 第纳尔银币

公元 217~222 年，罗马造币厂打制
径 18.5 毫米，重 2.9 克

正面为皇帝埃拉伽巴努斯头像与拉丁文名号及头衔；背面为幸运神站像与币文。

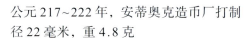

罗马帝国朱丽娅·马伊莎 1 第纳尔银币

公元 217~222 年，安蒂奥克造币厂打制
径 22 毫米，重 4.8 克

正面是朱丽娅像，外围拉丁文名号为 "IVLIA MAESA AVG"（朱丽娅 马伊莎 奥古斯塔）；背面虔诚女神站像及币文 "PIETAS AVG"（虔诚者 奥古斯塔）。

朱丽娅·马伊莎是皇帝埃拉伽巴努斯和亚历山大·塞维鲁的外祖母。

罗马帝国亚历山大·塞维鲁 1 第纳尔银币

公元 222~235 年，罗马造币厂打制

径 20 毫米，重 2.8 克

正面为皇帝亚历山大·塞维鲁头像与拉丁文名号及头衔；背面为财富女神站像及币文。

罗马帝国索阿耶米亚斯 1 第纳尔银币

打制年代不详

径 19 毫米，重 3.2 克

正面是皇太后索阿耶米亚斯像，外围铭文是 "IVLIA SOANMIAS AVG"（朱丽娅 索阿耶米亚斯 奥古斯塔），背面的维纳斯神站像及币文。

索阿耶米亚斯是埃拉伽巴努斯之母，公元 222 年与子被禁卫军谋杀。

罗马帝国马克西米努斯 1 安敦尼银币

公元 235~238 年，罗马造币厂发行

径 19.5 毫米，重 3.2 克

正面为皇帝马克西米努斯头像与拉丁文名号及头衔；背面为健康女神坐像及币文。

罗马帝国戈尔迪安三世 1 安敦尼银币

公元238~244年，安蒂奥克造币厂打制

共选20种。正面是年轻的戈尔迪安三世芒冠像，外围铭文是"最高统帅 凯撒 戈尔迪安 奥古斯都"，背面有多种神像，如阿波罗、胜利女神、远见女神、幸运女神、慷慨女神、英勇之神、朱庇特等。

径23毫米，重4.6克　　　　　　　　　　径23毫米，重4.6克

径23毫米，重5.4克　　　　　　　　　　径22毫米，重4.5克

径22毫米，重4.4克　　　　　　　　　　径22毫米，重4.5克

径23毫米，重4.3克　　　　　　　　　　径23.5毫米，重3.7克

径22毫米，重4.1克　　　　　　　　　　径22毫米，重4.1克

径 22.5 毫米，重 4 克

径 22 毫米，重 3.2 克

径 22 毫米，重 3.8 克

径 22 毫米，重 4.2 克

径 22 毫米，重 4.2 克

径 24 毫米，重 4.7 克

径 22 毫米，重 4.6 克

径 23.5 毫米，重 4.8 克

径 21.5 毫米，重 5.4 克

径 22 毫米，重 4.3 克

罗马帝国菲力普一世 1 安敦尼银币

公元 244~249 年，罗马造币厂打制
径 22.5 毫米，重 4.6 克

正面菲力普一世芒冠侧面像拉丁文名号及头衔；背面为手持丰饶角和双头蛇杖的幸运女神像及币文。

罗马帝国菲力普一世 4 德拉克马银币

公元 248 年，安条克造币厂打制
径 25.5 毫米，重 11.6 克

正面是菲力普一世芒冠像希腊文名号及头衔，背面为站鹰图及希腊币文。

罗马帝国德西乌斯 1 安敦尼银币

公元 249~251 年，罗马造币厂打制
径 22 毫米，重 3.9 克

正面德西乌斯芒冠侧面像，外围拉丁文
"IMP C M Q TRAIANVS DECIVS AVG"（最高统帅 凯乌斯 马西乌斯 奎伊图斯 图拉真 德西乌斯 奥古斯都）；背面是德西乌斯骑像，币文为 "ADVANTVS AVG"（奥古斯都莅临）。

德西乌斯是菲力普在位后期的罗马市长。公元 248 年，他率军平定帕卡提亚努斯的多瑙河军团叛乱，得胜后被将士们拥立为皇帝。在回罗马的途中，与菲力普大战并获胜，从而取代菲力普成为罗马皇帝。

罗马帝国加卢斯 1 安敦尼银币

公元 251~253 年，罗马造币厂打制

径 21.5 毫米，重 4.3 克

正面加卢斯芒冠侧面像及拉丁文名号；背面是手持花环的胜利女神站像及币文。

罗马帝国加里恩努斯 1 安敦尼银币

公元 253~268 年，罗马造币厂打制

径 21.5 毫米，重 4.3 克

正面是加里恩努斯芒冠像，外围拉丁文 "GALLIENVS AVG"（加里恩努斯 奥古斯都）；背面是大力神像及币文。

罗马帝国萨罗丽娜 1 安敦尼银币

公元 253~268 年，罗马造币厂打制

径 24 毫米，重 3.6 克

正面是皇帝加里恩努斯之妻萨罗丽娜侧面像及拉丁文名号；背面是维纳斯神站像及币文。

罗马帝国波斯图穆斯 1 安敦尼银币

公元 260~269 年
径 23.5 毫米，重 3.7 克

正面为皇帝波斯图穆斯头像与名号及头衔；背面为手持权杖和祭盘的虔诚女神站像及币文。

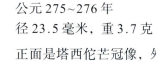

罗马帝国塔西佗 1 安敦尼银币

公元 275~276 年
径 23.5 毫米，重 3.7 克

正面是塔西佗芒冠像，外围拉丁文 "IMP C M CL TACITVS AVG"（最高统帅 凯撒 塔西佗 奥古斯都）；背面是天意女神站像及币文。

罗马帝国君士坦丁一世 1 索里德金币

公元 310~312 年，特瑞维累造币厂打制
径 18 毫米，重 4.5 克

正面为皇帝君士坦丁一世头像，两侧是拉丁文 "CONSTANTINVS AVG"（君士坦丁 奥古斯都）；背面为罗马军旗图案，拉丁文是 "SPQR OPTIMO PRINCIPI"（罗马人民和元老院最佳的元首），下面有特瑞维累造币厂的标记 "PTR"。

这类索里德金币（Solidus）通常与军队有关。

罗马帝国君士坦丁二世1索里德金币

公元337~340年

径21.3毫米，重4.41克

正面为皇帝君士坦丁二世头像，两侧为拉丁文铭文"DN CONSTANS AVGVSTVS"（我主 君士坦丁 奥古斯都）；背面为两胜利女神共举花环，花环中铭文"VOT XXX MULT XXXX"（誓愿三十年 再愿四十年），外圈铭文是"GLORIA REIPVBLICAI"（共和国的光荣），下方"TES"是造币厂名。

君士坦丁二世，罗马帝国皇帝君士坦丁一世之子。

罗马帝国君士坦提乌斯二世1索里德金币

公元337~361年

径20.9毫米，重4.42克

正面为皇帝君士坦提乌斯二世头像与名称头衔"FLIVI CONSTANTIVS P F AVG"（君士坦提乌斯 虔诚和幸运 奥古斯都）；背面为两胜利女神共举花环，花环中"VOT XXX MULT XXXX"（誓愿三十年 再愿四十年），两侧铭文"GLORIA REIPVBLICAI"（共和国的光荣），下方"RSND"为造币厂名。

君士坦提乌斯二世（公元337~361年），君士坦丁王朝第二位皇帝，也是君士坦丁一世之子。

罗马帝国瓦伦提尼安一世1索里德金币

公元364~376年

径22毫米，重4.4克

正面为皇帝瓦伦提尼安一世头像与名称头衔"DN VALENTIAIANUS AVGVSTVS"（我主 瓦伦提尼安 奥古斯都）；背面为罗马与君士坦丁堡女神共举花环，花环里铭文是"VOT X MULT XX"（誓愿十年 再愿二十年），两侧铭文"GLORIA ROMANORVN"（罗马人的光荣），下方是"AN OB I"（安蒂奥克造币厂 赤金 第10作坊）。

西罗马帝国洪诺留 1 索里德金币

公元 393~423 年，拉未纳造币厂造币厂打制

径 20.2 毫米，重 4.47 克

正面皇帝洪诺留佩甲面右胸像，铭文"DN HONORI VS P F AVG"（我主洪诺留 虔敬幸运的奥古斯都）；背面洪诺留手持军旗和宝球站像，脚下踩着反缚的俘虏，宝球上有胜利女神向皇帝加冕花环。铭文"VICTORIA AVGGG"（奥古斯都们的胜利），下方是"COM OB"（国库官 赤金）。两侧"R V"为造币厂缩写。

洪诺留，383 年出生于君士坦丁堡。其父去世后，洪诺留成为西罗马皇帝，他哥哥阿卡狄乌斯成为东罗马皇帝。

罗马帝国洪诺留 1 索里德金币

公元 397~402 年，君士坦丁堡造币厂

径 20.3 毫米，重 4.41 克

正面为洪诺留正面像，两侧为拉丁文"DN HONORI VS P F AVG"（我主洪诺留虔敬幸运的奥古斯都）；背面为守护神君士坦丁堡女神，两侧铭文是"CONCORDIA AVGGG"（奥古斯都们和谐一致）；下方铭文"CON OB"（君士坦丁堡 赤金）。

罗马附属国博斯布鲁斯王国雷斯库波罗斯二世琥珀金标币

公元 211~227 年

径 19.4 毫米，重 7.66 克

正面为雷斯库波罗斯二世；背面为罗马皇帝埃拉伽巴路斯。

埃拉伽巴路斯，罗马帝国塞维鲁王朝的皇帝。他是罗马帝国建立以来第一位出身自叙利亚的皇帝。博斯布鲁斯王国为公元前 1~公元 4 世纪希腊化末期和罗马帝国时代在黑海东北岸建立的国家。进入罗马帝国时代，为罗马附属国。此类金币，一般归入罗马行省币中。

东罗马帝国（拜占庭）钱币（公元 395~1453 年）

东罗马帝国（拜占庭）共历经 12 个朝代 93 位皇帝，是欧洲历史上最悠久的君主制国家。

公元 395 年 1 月 17 日，罗马帝国皇帝狄奥多西一世（公元 346~395 年）逝世。临终前，将帝国东、西部分给两个儿子继承。东罗马帝国的都城君士坦丁堡，是在希腊古城拜占庭的基础上建立起来的，起初其疆域包括巴尔干半岛、小亚细亚、叙利亚、巴勒斯坦、埃及、美索不达米亚及外高加索的一部分。到了皇帝查士丁尼在位时，又将北非以西、意大利和西班牙东南部分并入版图。公元 554 年，击败东哥特王国，东罗马帝国（拜占庭）的国力达到顶峰。

公元 1204 年，东罗马帝国（拜占庭）的首都君士坦丁堡曾被第四次十字军东征攻陷，直到公元 1261 年收复。公元 1453 年 5 月 29 日，奥斯曼帝国苏丹穆罕默德二世率军攻入君士坦丁堡（今伊斯坦布尔），东罗马帝国（拜占庭）正式灭亡。

拜占庭钱币是罗马帝国钱币的延续，无论在形制、币值上，还是币文图案都与罗马币的大相径庭。君士坦丁大帝统治时期，帝国开始出现以基督教为基本的新的意识形态，至此开始，十字架的图案便频频出现在钱币上。

东罗马帝国阿卡狄乌斯 1 索里德金币

公元 397~402 年，君士坦丁堡造币厂打制
径 21 毫米，重 4.4 克

Solidus（索里德或索利多）是罗马及拜占庭王朝的标准金币面值。

正面为皇帝阿卡狄乌斯头像与名称头衔 "DN ARDRDIVS P S AVG"（我主 阿卡狄乌斯 虔诚和幸运 奥古斯都）；背面为君士坦丁堡女神持胜利女神加冕花环，币文 "CONCORDIA AVGG A"（和谐 奥古斯都们 第 1 作坊）；下方 "CON OB"（君士坦丁堡 赤金）。

阿卡狄乌斯，东罗马皇帝。曾与父皇狄奥多西一世同朝执政。公元 395 年，继承东罗马帝国成为皇帝。公元 402 年，指定儿子狄奥多西二世为同朝皇帝。在位期间潜心基督教，听任权臣弄政，边境也常遭哥特人的侵袭。

东罗马帝国狄奥多西二世 1 索里德金币

公元 402~450 年，君士坦丁堡造币厂打制
径 19.9 毫米，重 4.4 克

正面国王戴脊盔左手盾牌右手持长矛胸像，外圈拉丁币文 "DN THEODOSTVS PF AVG"（我主 狄奥多西 虔敬幸运 奥古斯都）；背面守护神君士坦丁波利斯坐像，右手持矛，左手托胜利女神球，右脚踏犁，外圈币文 "CONCOEDIA AVGGG △"（和谐一致 奥古斯都 第 4 作坊），下方 "CON OB"（君士坦丁堡 赤金）。

狄奥多西二世，阿卡狄乌斯长子，狄奥多西一世的孙子，公元 408~450 年为东罗马帝国皇帝。公元 438 年，曾汇编帝国的法律《狄奥多西法典》。

东罗马帝国狄奥多西二世 1 索里德金币

公元 402~450 年，君士坦丁堡造币厂打制

径 20 毫米，重 4.4 克

正面为皇帝狄奥多西二世头像，两侧是拉丁文 "DN THEODOSIVS P F AVG"（我主 狄奥多西 虔诚幸运 奥古斯都）；背面为胜利女神手持宝球十字架坐像，两侧 "IMP XXXXII COS XVII P P"（最高统帅 42 年 执政官第 17 年 国父），下方是 "CON OB"（君士坦丁堡 赤金）。

东罗马帝国马西安努斯 1 索里德金币

公元 450~457 年，君士坦丁堡造币厂打制

径 19.7 毫米，重 4.02 克

正面为马西安努斯佩甲胸像，外圈铭文 "DN MARCIANVS P F AVG"（我主 马西安努斯 虔诚幸运 奥古斯都）；背面为胜利女神手持长十字架，币文 "VICTORIA AVGG B"（胜利 奥古斯都们 第 2 作坊）；下方 "CON OB"（君士坦丁堡 赤金）。

东罗马帝国利奥一世 1 索里德金币

公元 457~474 年，君士坦丁堡造币厂打制

径 20.8 毫米，重 4.33 克

正面利奥一世佩甲胸像，币文 "DN LEO PERPET AVG"（我主 利奥 终身 奥古斯都）；背面胜利女神手持长十字架，币文 "VICTORIA AVGG B"（胜利 奥古斯都们 第 9 作坊）；下方 "CON OB"（君士坦丁堡 赤金）。

东罗马帝国芝诺 1 索里德金币

公元 474~491 年，君士坦丁堡造币厂打制

径 20 毫米，重 4.48 克

正面为芝诺佩甲胸像，外圈为拉丁文 "DN ZENO PERP AVG"（我主 芝诺 永恒 奥古斯都）；背面为胜利女神手持长十字架，币文 "VICTORIA AVGG S"（胜利 奥古斯都们 第 6 作坊）；下方 "CON OB"（君士坦丁堡 赤金）。

东罗马帝国阿纳斯塔修斯 1 索里德金币

公元 491~518 年，君士坦丁堡造币厂打制

径 20 毫米，重 4.6 克

正面为皇帝阿纳斯塔修斯头像，外圈币文 "DN ANIASTASIVS PP AVG"（我主 阿纳斯塔修斯 永恒 奥古斯都）；背面为胜利女神手持长十字架，币文 "VICTORIA AVGGG I"（胜利 奥古斯都们 第 10 作坊）；下方 "CON OB"（君士坦丁堡 赤金）。

东罗马帝国查士丁一世 1 索里德金币

公元 518~527 年，君士坦丁堡造币厂打制

径 20.8 毫米，重 4.44 克

正面为查士丁一世头像，外圈拉丁币文 "DN IVSINVS PP AVG"（我主 查士丁 永恒 奥古斯都）；背面为守护神安淑莎站像，币文 "VICTORIA AVGGG I"（胜利 奥古斯都们 第 10 作坊）；下方 "CON OB"（君士坦丁堡 赤金）。

东罗马帝国查士丁尼一世 1 索里德金币

公元 527～565 年，君士坦丁堡造币厂打制

径 19.80 毫米，重 4.45 克

正面皇帝查士丁尼一世身着军装，手持十字架宝球像，外圈拉丁币文 "DN IVSTINIANVS PP AVG"（我主 查士丁尼 永恒 奥古斯都）；背面守护神安淑莎右手扶长十字架，左手托十字球，币文 "VICTORIA AVGGG B"（胜利 奥古斯都们 第 2 作坊）；下方 "CON OB"（君士坦丁堡 赤金）。

查士丁尼一世，东罗马帝国皇帝。在他治下，东罗马帝国收复许多失地、重建圣索菲亚教堂并编纂《查士丁尼法典》。后人称他的统治为"拜占庭帝国黄金时代"，他也被称为查士丁尼大帝。

东罗马帝国查士丁尼一世塞米斯金币

公元 527～565 年，君士坦丁堡造币厂打制

径 19 毫米，重 2.1 克

正面皇帝查士丁尼一世侧面头像，外圈拉丁币文 "DN IVSTINIANVS PP AVG"（我主 查士丁尼 永恒 奥古斯都）；背面守护神君士坦丁波利斯，币文 "VICTORIA AVGGG"（胜利 奥古斯都们）；下方 "CON OB"（君士坦丁堡 赤金）。

东罗马帝国查士丁一世特里米斯金币

公元 527～565 年，君士坦丁堡造币厂打制

径 16 毫米，重 1.2 克

正面皇帝查士丁尼一世侧面头像，外圈拉丁币文 "DN IVSTINIANVS PP AVG"（我主 查士丁尼 永恒 奥古斯都）；背面守护神安淑莎，币文 "VICTORIA AVG"（胜利 奥古斯都们）；下方 "CON OB"（君士坦丁堡 赤金）。

东罗马帝国查士丁二世 1 索里德金币

公元 565~678 年，君士坦丁堡造币厂打制

径 20.5 毫米，重 4.50 克

正面为查士丁二世正面像，周围为拉丁币文 "DN IVSTINVS PP AVG"（我主 查士丁 永恒 奥古斯都）；背面为守护神君士坦丁波利斯，币文 "VICTORIA AVGGGG"（胜利 奥古斯都们）；下方 "CON OB"（君士坦丁堡 赤金）。

东罗马帝国提比略二世 1 索里德金币

公元 578~582 年，君士坦丁堡造币厂打制

径 21 毫米，重 4.4 克

正面为皇帝提比略二世手持十字架宝球正面像，外圈拉丁币文 "dm TIb CONSTANT PP AVI"（我主 提比略 君士坦丁 永恒 奥古斯都）；背面为骷髅地十字架，币文是 "VICTORIA AVGG Γ"（胜利 奥古斯都们 第 3 作坊）；下方 "CON OB"（君士坦丁堡 赤金）。

东罗马帝国莫里斯 1 索里德金币

公元 582~602 年，君士坦丁堡造币厂打制

径 21 毫米，重 4.3 克

正面为皇帝莫里斯提比略手持十字架宝球正面像，外围拉丁文 "DN MAVRIC TIbER PP AVG"（我主 莫里斯 提比略 永恒 奥古斯都），背面守护神安淑莎站像，持十字架球和长十字架，币文是 "VICTORIA AVGG △"（胜利 奥古斯都们 第 4 作坊）；下方 "CON OB"（君士坦丁堡 赤金）。

东罗马帝国莫里斯提比略 1 索里德金币（仿迦太基版）

公元 582~602 年

径 16.7 毫米，重 4.55 克

正面为莫里斯提比略佩甲胸像；背面是守护神安淑莎站像。

东罗马帝国福卡斯 1 索里德金币

公元 602~610 年，君士坦丁堡造币厂打制

径 20.5 毫米，重 4.5 克

正面为皇帝福卡斯手持十字架宝球正面像，外环拉丁文 "dN FOCAS PERP AVI"（我主 福卡斯 永恒 奥古斯都）。背面守护神安淑莎持十字架球和长十字架，币文是 "VICTORIAAVGG I"（胜利 奥古斯都们 第10作坊）；下方 "CON OB"（君士坦丁堡 赤金）。

东罗马帝国希拉克略一世 1 索里德金币

公元 610~641 年，君士坦丁堡造币厂打制

径 19.4 毫米，重 4.4 克

正面国王希拉克略一世头戴十字架羽冠，右手托宝球十字架正面像，外圈币文 "dN HERACLIVS PP A"（我主 希拉克略 永恒 奥古斯都）。背面骷髅地十字架，币文是 "VICTORIA AVSųI"（胜利 奥古斯都们 第 10 作坊）；下方 "CON OB"（君士坦丁堡 赤金）。

东罗马帝国希拉克略与君士坦丁三世 1 索里德金币

公元 610～641 年，君士坦丁堡造币厂打制

径 20 毫米，重 4.4 克

正面为皇帝希拉克略与君士坦丁三世头像，外圈拉丁文 "dd NN hERACLIчS ec hERA PP AVG"（我主 希拉克略 永恒 奥古斯都）。背面为骷髅地十字架，币文是 "VICTORIA AVG чIθ"（胜利 奥古斯都们 第 9 作坊）；下方 "CON OB"（君士坦丁堡 赤金）。

东罗马帝国希拉克略与君士坦丁三世与希拉克罗纳斯 1 索里德金币

公元 610～641 年，君士坦丁堡造币厂打制

径 20 毫米，重 4.4 克

正面希拉克略一世和长子希拉克略君士坦丁、次子希拉克罗纳斯三人正面站像，各托十字球。背面骷髅地十字架，左侧为基督符，币文是 "VICTORIA AVG чH"（胜利 奥古斯都们 第 8 作坊）；下方 "CON OB"（君士坦丁堡 赤金）。

东罗马帝国君士坦斯二世 1 索里德金币

公元 641～668 年，君士坦丁堡造币厂打制

径 20 毫米，重 4.4 克

正面为皇帝君士坦斯二世手持十字架宝球正面像，外圈拉丁文 "dN CONSτINч PP AV"（我主 君士坦斯 永恒 奥古斯都）。背面为骷髅地十字架，币文是 "VICTORIA AVSчS"（胜利 奥古斯都们 第 6 作坊）；下方 "CON OB"（君士坦丁堡 赤金）。

东罗马帝国君士坦斯二世 1 索里德金币

公元 641~668 年，君士坦丁堡造币厂打制

径 19.7 毫米，重 4.43 克

正面为皇帝君士坦斯二世手持十字架宝球正面像，外圈拉丁文 "dN
CONSτINч PP AV"（我主 君士坦斯 永恒 奥古斯都）。背面为骷髅地
十字架，币文是 "VICTORIA AVƧчϵ"（胜利 奥古斯都们 第 5 作坊）；
下方 "CON OB"（君士坦丁堡 赤金）。

东罗马帝国君士坦斯二世与君士坦丁四世 1 索里德金币

公元 641~668 年，君士坦丁堡造币厂打制

径 20 毫米，重 4.3 克

正面为皇帝君士坦斯二世与君士坦丁四世二人头像，外圈拉
丁文 "dN COSτANτINчS CONSτANIч"（我主 君士坦斯和君
士坦丁）。背面为骷髅地十字架，币文是 "VICTORIA AVƧчB"
（胜利 奥古斯都们 第 2 作坊）；下方 "CON OB"（君士
坦丁堡 赤金）。

东罗马帝国君士坦斯二世与君士坦丁四世 1 索里德金币

公元 641~668 年，君士坦丁堡造币厂打制

径 20 毫米，重 4.4 克

正面为皇帝君士坦斯二世与君士坦丁四世头像。背面为希拉克略与提比
略站像和十字架，币文是 "VICTORIA AVƧчH"（胜利 奥古斯都们 第
8 作坊）；下方 "CON OB"（君士坦丁堡 赤金）。

东罗马帝国君士坦丁四世1索里德金币

公元674~681年，君士坦丁堡造币厂打制

径18.8毫米，重4.43克

正面为君士坦丁四世头戴羽冠，手持长矛和盾牌像。背面为希拉克略与提比略站像和十字架，币文是 "VICTORIA AVSч △"（胜利 奥古斯都们 第4作坊）；下方 "CON OB"（君士坦丁堡 赤金）。

东罗马帝国利奥三世1索里德金币

公元720~725年

径20.1毫米，重4.45克

正面为利奥三世手持宝球正面像，外圈拉丁文 "dNO LEON P A MчLS"（我主 利奥 永恒 奥古斯都 长命百岁）；背面为君士坦丁五世手持宝球正面像，币文 "GNCONS CANTINчLS"（我主 君士坦丁）。

东罗马帝国君士坦丁五世与利奥四世1索里德金币

公元741~775年

径20.8毫米，重4.44克

正面为君士坦丁五世和利奥四世正面像，外围拉丁文 "CONSτANτINOS S LEONONєOS"（君士坦丁和利奥），背面为利奥三世手持十字架正面像，币文 "G LEOP A MчLθ"（我主 利奥 奥古斯都 长命百岁）。

东罗马帝国君士坦丁五世 1 索里德金币

公元 741~775 年

径 22.1 毫米，重 4.43 克

正面为利奥三世手持十字架正面像，币文"G LEON P A MчS"（我主 利奥 永恒 奥古斯都 长命百岁）；背面为君士坦丁五世手持十字架正面像，外圈拉丁文"Г CONSтAN CINчθC"（我主 君士但丁）。

东罗马帝国利奥四世与君士坦丁六世 1 索里德金币

公元 780~797 年

径 19.6 毫米，重 4.41 克

正面为利奥四世和君士坦丁六世正面像，外圈拉丁文"LEON VS S ESSON CONSтANтINOS O NEOS"（利奥三世之子及孙 小君士坦丁）；背面为利奥三世和君士坦丁五世正面像，币文"LEON PAP CONSтANтINOS PAтHR"（利奥四世的祖父和父亲君士坦丁）。

东罗马帝国尼斯福鲁斯一世 1 索里德金币

公元 802~811 年

径 19.7 毫米，重 4.40 克

正面为尼斯福鲁斯一世手持十字架正面像，外圈拉丁文"NICIFOROS bASILE"（尼斯福鲁斯国王）；背面为其子斯陶拉修斯手持宝球十字架，币文"SтAVRACIS dESPθ"（斯陶拉修斯 专制君主）。

东罗马帝国皇帝狄奥菲卢斯 1 索里德金币

公元 829~842 年

径 19.6 毫米，重 4.08 克

正面为狄奥菲卢斯国王正面像，外圈拉丁文 "θ E OFILOS bASILE"（狄奥菲卢斯国王）；背面为父王迈克尔二世和长子君士坦丁正面像，币文 "+MIXAHL S CONSτAΠτIΠ"（迈克尔和君士坦丁）。

东罗马帝国巴希尔一世 1 索里德金币

公元 867~886 年

径 19.1 毫米，重 4.41 克

正面为基督耶稣正面像，外圈拉丁文 "IhS XPS REX RESNANTIqM"（耶稣基督 王中之王）；背面为巴希尔一世和长子君士坦丁正面像，币文 "bASLLIOS ET COΠSτAΠτ AqSS b"（巴西尔和君士坦丁 奥古斯都 国王）。

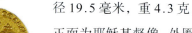

东罗马帝国皇帝君士坦丁七世与罗曼努斯一世 1 索里德金币

公元 913~959 年

径 19.5 毫米，重 4.3 克

正面为耶稣基督像，外圈拉丁文 "IhS XPS REX RESNANTIqM"（耶稣基督 王中之王）；背面为皇帝君士坦丁七世与罗曼努斯一世手持十字架像，币文 "CON Sτ AΝτCEROMbh AqSSIA"（君士坦丁与罗曼努斯 奥古斯都们）。正面用耶稣基督像，其用意就是为了强调基督教身份的认同，表明帝国正在得到上帝的庇护。

东罗马帝国皇帝罗曼奴斯三世 1 希斯塔麦伦金币

公元 1028~1034 年

径 24.1 毫米，重 4.42 克

正面为基督耶稣坐在王位上，两侧拉丁文 "IhS XPS REX RESNANTIqM"（耶稣基督 王中之王）；背面为圣母为罗曼努斯三世加冕图，币文 "ΘCє bOHΘRWMAΠW"（圣母佑助罗马人）。

东罗马帝国皇帝君士坦丁九世 1 希斯塔麦伦金币

公元 1042~1055 年

径 24.7 毫米，重 4.42 克

正面为基督耶稣正面像，两侧拉丁文 "IhS XPS REX RESNANTIqM"（耶稣基督 王中之王）；背面为君士坦丁九世手持宝球十字架，拉丁文 "+CW ΠSAΠτΠ bASILCq RM"（君士坦丁罗马国王）。

东罗马帝国皇帝君士坦丁十世 1 希斯塔麦伦碟形金币

公元 1059~1069 年

径 26.1 毫米，重 4.34 克

正面为基督耶稣坐在王位上，外圈拉丁文 "IhS XPS REX RESNANTIqM"（耶稣基督 王中之王）；背面为君士坦丁十世手持十字架站像，币文 "+KWΠ RAC Λ O ΔOKAC"（君士坦丁 杜卡斯）。

公元 969~1081 年，拜占庭帝国的货币体系的核心（Solidus）发生了变化，起初它被拆分为两种面值：希斯塔麦伦（histamenon）和特塔特伦（tetarteron）。后来演变为一面凹下一面凸起碟形金币。碟形金币打制工艺复杂，要事先把币胚制成碟形，再在上面印图案文字。由于成色低劣，碟形金币的弧线形不易锤击延展，就出现了很多剪边现象。

东罗马帝国皇帝君士坦丁十世 1 希斯塔麦伦碟形金币

公元 1059~1069 年

径 26.6 毫米，重 4.38 克

正面为基督耶稣坐在王位上，外圈拉丁文 "IhS XPS REX RESNANTIɥM"（耶稣基督 王中之王）；背面为圣母为君士坦丁十世加冕图，币文 "ΘCє bOHθRWMAΠW"（圣母佑助罗马人）。

东罗马帝国皇帝罗曼努斯四世 1 希斯塔麦伦碟形金币

公元 1068~1071 年

径 25.7 毫米，重 4.36 克

正面为迈克尔、君士坦提乌斯、安德罗尼卡三人站像；背面为罗曼奴斯四世、基督、欧多西亚三人站像。

东罗马帝国皇帝迈克尔七世 1 希斯塔麦伦碟形金币

公元 1071~1078 年

径 27.8 毫米，重 4.34 克

正面为基督耶稣正面像，两侧有 "IC" "XC" 拉丁字母。背面为迈克尔七世一手持权杖，一手持宝球十字架正面像，币文是 "+MIXAHL RACI"（迈克尔 杜卡斯国王）。

东罗马帝国皇帝阿历克赛一世 1 赫帕派伦碟形金币

公元 1081~1118 年

径 27.8 毫米，重 4.34 克

正面耶稣基督正面坐像；背面是圣母玛利亚为阿历克赛一世加冕，左上方
为"上帝之手"。

公元 1081~1204 年间，即阿莱克修斯一世至阿莱克
修斯五世时期，一种叫赫帕派伦（hyperpyra）碟
形币被重新启用。尽管成色稍微不足，但令
人满意的金色外表取代了旧币希斯塔麦伦
（histamenon），新币在公元 1092~1024
年里保持纯度不变。

东罗马帝国皇帝阿历克赛一世 1 赫帕派伦碟形金币

公元 1092~1118 年

径 31 毫米，重 4.28 克

正面为基督耶稣坐像；背面为亚历克塞一世站像。

东罗马帝国皇帝曼奴埃尔一世 1 赫帕派伦碟形金币

公元 1143~1180 年

径 33.6 毫米，重 4.27 克

正面为基督耶稣正面像，背面为曼奴埃尔一世站像。

威尼斯总督 1 杜卡特金币（拜占庭风格延续）

公元 14 世纪

径 20.03 毫米，重 3.49 克

正面为手持福音书的圣马可把十字架顶的权杖授予跪拜在地的维尼斯总督；背面为耶稣手持福音书立于五角星内，币文 "REGISISTE DVCASITTXPE DATOTV"（基督啊，让这个您统治的公国献身于您）。

威尼斯杜卡特开始发行于公元 13 世纪末，当时拜占庭的迈克尔八世降低了拜占庭金币的成色。作为应对，威尼斯共和国发行这种金币，直径 20 毫米，重约 3.5 克，含金量高达 99.5%，是中世纪能达到的最高的黄金纯度。该金币取代了拜占庭金币，成为了欧洲最权威的硬通货。

阿契美尼德王朝钱币（公元前 550~前 330 年）

阿契美尼德王朝又被称为波斯第一帝国，是以其缔造者居鲁士大帝的祖先阿契美尼斯的名字命名的。

公元前 559 年，居鲁士二世统一波斯，建立阿契美尼德王朝。居鲁士二世击败了当时统治波斯的米底人（Median），使波斯成为第一个横跨欧亚非三洲的强大帝国。公元前 330 年，马其顿王国亚历山大大帝进攻波斯，首都波斯波利斯陷落，大流士三世在逃亡中被害，波斯帝国灭亡。

阿契美尼德王朝大流士一世统治时期开始打造金银币，其基本形制模仿吕底亚的钱币，具有东方文化色彩。正面为国王头戴芒冠手持弓箭和矛半跪侧面像，背面是不规则凹印。打造地点主要是萨迪斯和巴比伦。金币主要用于陆军军饷，流通于小亚细亚地区；银币主要用于海军军饷，流通于地中海东部沿岸。

阿契美尼德王朝 1 大流克金币

公元前 490~前 400 年，波斯造币厂打制

径 14.5 毫米，重 8.3 克

正面为一个年迈的国王头戴芒冠手持弓箭和矛半跪侧面像；背面是不规则凹印。

这是世界上所发现最早的帝王像金币。

阿契美尼德王朝 1 大流克金币

径 13.8~16.9 毫米，重 8.31 克

阿契美尼德王朝阿塔薛西斯一世 1 西格罗斯银币

公元前 465~前 424 年

径 15.5 毫米，重 5.6 克

正面为有须国王面右半跪像，头戴芒冠，左手持弓，右手持矛；背面不规则凹印。

阿契美尼德王朝薛西斯三世—大流士三世 1 西格罗斯银币

公元前 375~前 340 年

径 14 毫米，重 5.5 克

正面为有须国王面右半跪像，头戴芒冠，左手持弓，右手持匕首；背面方形凹印。

阿契美尼德王朝阿塔薛西斯三世 1 大流克金币

公元前 359~前 339 年，波斯造币厂打制

径 15.1 毫米，重 8.1 克

正面为有须国王面右半跪像，头戴芒冠，左手持弓，右手持矛；背面龟甲形凹印。

帕提亚王朝钱币（公元前 247~公元 224 年）

帕提亚王朝，又名阿萨克斯王朝，是位于亚洲西部伊朗地区古典时期的奴隶制帝国，也被称为波斯第二帝国。中国古籍称之为安息。

公元前 247 年，塞琉古王国的一个东部行省"帕提亚"总督宣布独立。之后，被斯基泰人（Scythians）一个游牧部落的首领阿萨克斯推翻。阿萨克斯，就是帕提亚王朝的开国帝王阿萨克斯一世（Arsaces I，公元前 247~前 211 年在位）。米特拉达特斯一世时期把疆域拓展到两河流域和波斯湾一带，国力日盛。米特拉达特斯二世进一步将疆域扩大到欧亚内陆帕米尔以西的里海南部，从印度西北部扩张到亚美尼亚。

帕提亚王朝因位于丝绸之路上而成为了商贸中心，与汉朝、罗马、贵霜帝国并列为当时亚欧四大强国。

帕提亚王朝的币值采用希腊币值，币文为希腊文，图案以帝王和神像为主。主要使用银币、铜币。

帕提亚王朝米特拉达特斯一世 1 德拉克马银币

约公元前 171~前 138 年
径 20.2 毫米，重 3.9 克

正面国王面左胸像，头戴尖顶风帽；背面牧人持弓面右坐于脐石上，两侧币文为希腊文 "ΒΑΣΙΛΕΩΣ ΜΕΓΑΛΟΥ ΑΡΣΑΚΟΥ"（阿萨克斯大王）。

帕提亚王朝弗拉特斯二世 1 德拉克马银币

约公元前 138~前 127 年
径 18.7 毫米，重 4 克

正面国王束头带面左胸像；背面牧人持弓面右坐于脐石上，两侧希腊文币文 "ΒΑΣΙΛΕΩΣ ΑΡΣΑΚΟΥ ΝΙΚΗΦΡΟΥ"（尊父为神的大王阿萨克斯）。

帕提亚王朝阿塔巴努斯一世 1 德拉克马银币

约公元前 127～前 124 年

径 19.6 毫米，重 4.3 克

正面国王束头带面左胸像；背面牧人持弓面右坐于脐石上，币文左"ΒΑΣΙ ΛΕΩΣ ΑΡΣΑΚΟΥ"，右"ΜΕΓΑΛΟΥ ΒΑΣΙΛΕΩΣ"，意为"尊父为神的大王阿萨克斯"。

帕提亚王朝米特拉达特斯二世 1 德拉克马银币

约公元前 123～前 88 年

径 19.4 毫米，重 3.8 克

正面国王束头带面左胸；背面牧人持弓面右坐于脐石上，币文左"ΒΑΣΙΛΕΩΣ"，上"ΜΕΓΑΛΟΥ"，右"ΑΡΣΑΚΟΥ"，下"ΕΝΙΦΑΝΟΥΣ"，意为"显贵的阿萨克斯大王"。

帕提亚王朝米特拉达特斯二世 1 德拉克马银币

约公元前 123～前 88 年

径 19 毫米，重 4.1 克

正面国王戴有 3 道珠圈及 1 颗芒星的圆顶冠面左胸像，背面牧人持弓面右坐于椅凳上，币文"ΒΑΣΙΛΕΩΣ ΜΕΓΑΛΟΥ ΑΡΣΑΚΟΥ ΕΝΙΦΑΝΟΥΣ"（显贵的阿萨克斯大王）

帕提亚王朝奥罗德斯一世 1 德拉克马银币

约公元前 90~前 80 年

径 20.4 毫米，重 4.1 克

正面国王面左胸像，戴有 3 道珠圈及 1 颗芒星的圆顶冠；背面牧人持弓面右坐于椅凳上，上下左右希腊文币文，意为"伟大的国王阿萨克斯 爱父亲者 独裁统治者 爱希腊者 显贵者"。

帕提亚王朝西纳特鲁克斯 1 德拉克马银币

公元前 77~前 70 年，帕提亚王朝发行

径 20 毫米，重 4.1 克

正面国王西纳特鲁克斯侧面像；背面牧人持弓坐像，上下左右希腊文币文，意为"伟大的国王阿萨克斯 爱父亲者 独裁统治者 爱希腊者 显贵者"。

帕提亚王朝弗拉特斯三世 1 德拉克马银币

约公元前 70~前 57 年

径 20.5 毫米，重 4.1 克

正面国王束头带面左胸像；背面牧人持弓面右坐于椅凳上，上下左右希腊文币文 "ΒΑΣΙΛΕΩΣ ΒΑΣΙΛΕΩΝ ΑΡΣΑΚΟΥ ΕΥΕΡΓΕΤΟΥ"（伟大的国王阿萨克斯 施恩者 显贵者 爱希腊者）。

帕提亚王朝奥罗德斯二世 1 德拉克马银币

约公元前 57~前 38 年

径 18.8 毫米，重 4 克

正面国王束头带面左胸像；背面牧人持弓面右坐于椅凳上，币文上 "ΒΑΣΙΛΕΩΣ ΒΑΣΙΛΕΩΣ"，右 "ΑΡΣΑΚΟΥ"，左 " ΕΝΙΦΑΝΟΥΣ ΦΙΛΕΛΛΕΝΟ"，下 "ΕΥΡΓΕΤΟΥ ΑΡΣΑΚΟΥ"，意为 "王中之王 阿萨克斯 施恩者 正直者 显贵者 爱希腊者"。

帕提亚王朝弗拉特斯四世 1 德拉克马银币

约公元前 38~前 2 年

径 19.7 毫米，重 4 克

正面国王束头带面左胸像，头后奈克女神为其加冕；背面牧人持弓面右坐于椅凳上，币文 "ΒΑΣΙΛΕΩΣ ΑΡΣΑΚΟΥ ΕΝΙΦΑΝΟΥΣ ΦΙΛΕΛΛΕΝΟ ΕΥΡΓΕΤΟΥ"，意为 "王中之王阿萨克斯 施恩者 正直者 显贵者 爱希腊者"。

帕提亚王朝弗拉特斯四世 4 德拉克马银币

约公元前 38~前 2 年

径 27.1 毫米，重 14.6 克

正面国王束头带面左胸像；背面弗拉特斯四世面左坐于王座上，右手持杖，左手托住奈克女神为其加冕，币文 "ΒΑΣΙΛΕΩΣ ΑΡΣΑΚΟΥ ΕΝΙΦΑΝΟΥΣ ΦΙΛΕΛΛΕΝΟ ΕΥΡΓΕΤΟΥ"，意为 "王中之王阿萨克斯 施恩者 正直者 显贵者 爱希腊者"。

帕提亚王朝瓦尔达尼斯一世 4 德拉克马银币

约公元 40~45 年

径 27.2 毫米，重 14.5 克

正面国王束头带面左胸像；背面瓦尔达尼斯一世面右坐于王座上，右侧堤喀女神左手握丰饶角右手给国王递棕榈枝，币文 "ΒΑΣΙΛΕΩΣ ΑΡΣΑΚ ΟΥ ΕΝΙΦΑΝΟΥΣ ΦΙΛΕΛΛΕΝΟ ΕΥΡΓΕΤΟΥ"（王中之王阿萨克斯 施恩者 正直者 显贵者 爱希腊者）。

帕提亚王朝戈尔泽斯二世 4 德拉克马银币

公元 46 年

径 26.5 毫米，重 14.4 克

正面正面国王束头带面左胸像。背面瓦尔达尼斯一世面右坐于王座上，右侧堤喀女神左手握丰饶角右手拿花环为国王加冕；币文 "ΒΑΣΙΛΕΩΣ ΑΡΣΑΚΟΥ ΕΝΙΦΑΝΟΥΣ ΦΙΛΕΛΛΕΝΟ ΕΥΡΓΕΤΟΥ"（王中之王阿萨克斯 施恩者 正直者 显贵者 爱希腊者）；上中部有字母 "HNT"，指塞琉古纪年 358 年，即公元 46 年。

帕提亚王朝奥罗奈斯二世 1 德拉克马银币

约公元 51 年

径 19.4 毫米，重 3.7 克

正面国王戴圆顶冠正面胸像；左右两侧各有一颗六芒星，背面牧人持弓面右坐于椅凳上，币文未能全识。

帕提亚王朝奥洛加西斯三世 1 德拉克马银币

公元 105～147 年

径 18.5 毫米，重 3.9 克

正面国王奥洛加西斯三世侧面像；背面牧人持弓坐像。

帕提亚王朝奥斯罗埃斯二世一德拉克马银币

约公元 190 年

径 17.5 毫米，重 3.6 克

正面国王奥斯罗埃斯二世侧面像；背面牧人持弓坐像。

帕提亚王朝奥洛加西斯六世 1 德拉克马银币

约公元 208～228 年

径 21.1 毫米，重 3.6 克

正面国王戴圆顶冠面左胸像，冠顶有半圈星纹装饰，右侧有两个阿拉米字母，意为国王名讳"奥洛加西斯"；背面牧人持弓面右坐于椅凳上。

萨珊王朝钱币（公元 226~642 年）

萨珊王朝是古代波斯最后一个王朝，是以其奠基人的祖先命名的。萨珊是波斯塔克尔城女神阿娜黑塔神庙的祭司，是萨珊国王巴巴克的祖先。巴巴克是阿尔达希尔的父王，阿尔达希尔是当地骑士的统领。

公元 224 年，阿尔达希尔举兵在奥尔米兹达干击败阿萨西斯最后一位君主后，于公元 226 年在帕提亚帝国首都泰西封被奉为"众王之王"。不仅如此，阿尔达希尔还恢复了琐罗亚斯德教的地位，并保留了阿契美尼德王朝时期最原始的宗教形式。

萨珊王朝存在于公元 3~7 世纪，相当于中国的晋唐时朝。萨珊王朝与中国的交往密切，中国曾出土了不少的萨珊王朝钱币。萨珊王朝钱币以薄片银币为主，亦有少量的金币、铜币。币文采用巴列维文，图案有国王像和具有浓重宗教色彩的火祭坛及神职人员等。

萨珊王朝阿尔达希尔一世 1 德拉克马银币

公元 224~241 年
径 23.6 毫米，重 3.7 克

正面国王面右胸像，戴圆顶护耳冠，冠中装饰有一颗芒星，外圈巴列维文，意为"马兹达崇拜者 神圣的伊朗国王阿尔达希尔"；背面是祭火坛，币文意为"阿尔达希尔之火"。

萨珊王朝沙普尔一世 1 第纳尔金币

公元 241~272 年
径 22.8 毫米，重 7.4 克

正面国王面右胸像，戴球髻城齿冠，外圈巴列维文，意为"天降伊朗的王中之王 马兹达的崇拜者 神圣的沙普尔"；背面是国王与祭司分站在祭火坛两侧，币文意为"沙普尔之火"。

沙普尔一世，波斯帝国建立者阿尔达希尔一世之子。

萨珊王朝沙普尔二世 1 德拉克马银币

公元 309~379 年

径 24.1 毫米，重 4.2 克

正面国王面右胸像，戴球髻城齿冠，外圈巴列维文，意为"马兹达的崇拜者 王中之王 神圣的沙普尔"；背面是国王与祭司分站在祭火坛两侧，祭火坛上火焰中有阿胡拉·马兹达面右半身像，祭坛柱上铭文，意为"正直"。

萨珊王朝阿尔达希尔二世 1 德拉克马银币

公元 379~383 年

径 28.8 毫米，重 4.1 克

正面国王面右胸像，戴球髻圆顶冠，外圈巴列维文，意为"马兹达的崇拜者 伊朗和非伊朗的王中之王 神圣的阿尔达希尔"；背面是国王与祭司分站在祭火坛两侧。

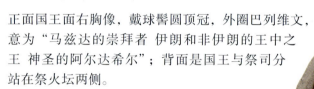

萨珊王朝沙普尔三世 1 德拉克马银币

公元 383~388 年

径 26.9 毫米，重 4.3 克

正面面右胸像，国王戴球髻花饰廓冠，外圈巴列维文，意为"马兹达的崇拜者 伊朗和非伊朗的王中之王 神圣的沙普尔"；背面是国王与祭司分站在祭火坛两侧。

萨珊王朝瓦赫兰五世 1 德拉克马银币

公元 420~438 年，谋夫造币厂打制

径 29.5 毫米，重 4.2 克

正面国王瓦赫兰五世面右胸像，戴球髻新月齿冠；背面祭火台和二祭司，谋夫造币厂标识。

萨珊王朝耶兹格德二世 1 德拉克马银币

公元 438~457 年，戈尔甘造币厂打制

径 28.5 毫米，重 4.1 克

正面国王耶兹格德二世面右胸像，戴球髻新月齿冠；背面祭火台和二祭司，戈尔甘造币厂标识。

萨珊王朝卑路斯一世 1 第纳尔金币

公元 459~484 年

径 20.1 毫米，重 4.2 克

正面国王面右胸像，戴新月上球髻双翅城齿冠，币文意为"幸运的卑路斯国王"；背面是国王与祭司分站在祭火坛两侧，上部火焰左右有星月纹，右侧造币地简写。

萨珊王朝卑路斯一世 1 德拉克马银币

公元 459~484 年（卑路斯一世第二次执政时）

径 25.7 毫米，重 4.2 克

正面国王面右胸像，戴新月上球髻双翅城齿冠，币文意为"幸运的卑路斯国王"；背面是国王与祭司分站在祭火坛两侧，上部火焰左右有星月纹，右侧造币地铭文，意为"迪拉布格德"。

萨珊王朝卡瓦德一世 1 德拉克马银币

公元 499~531 年（卡瓦德一世第二次执政时）

径 29 毫米，重 3.9 克

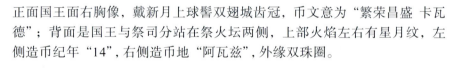

正面国王面右胸像，戴新月上球髻双翅城齿冠，币文意为"繁荣昌盛 卡瓦德"；背面是国王与祭司分站在祭火坛两侧，上部火焰左右有星月纹，左侧造币纪年"14"，右侧造币地"阿瓦兹"，外缘双珠圈。

萨珊王朝札马斯普 1 德拉克马银币

公元 497~499 年

径 28.6 毫米，重 3.7 克

正面国王面右胸像，戴新月上球髻城齿冠，左侧为马兹达为其加冕，币文意为"札马斯普"；背面是国王与祭司分站在祭火坛两侧，上部火焰左右有星月纹，左侧造币纪年，右侧造币地简写。

萨珊王朝库思老一世 1 德拉克马银币

公元 531~579 年

径 29.5 毫米，重 4 克

正面国王库思老一世面右胸像，戴火焰新月齿冠；背面祭火台和二祭司，左侧造币纪年，右侧造币地简写。

萨珊王朝霍米兹德四世 1 德拉克马银币

公元 579~590 年

径 30.5 毫米，重 3.4 克

正面国王霍米兹德四世面右胸像，戴火焰新月齿冠，两肩上有新月。背面祭火台和二祭司，左侧造币纪年，右侧造币地简写。

萨珊王朝库思老二世 1 德拉克马银币

公元 591~628 年

径 29.8 毫米，重 4.1 克

正面国王面右胸像，戴星月双翅城齿冠，币文意为"繁荣昌盛，库思老"，双珠圈外有 3 个星月纹，右下铭文意为"赞美"。背面是国王与祭司分站在祭火坛两侧，上部火焰左右有星月纹，左侧造币纪年"21"，右侧造币地"哈马丹"，三层珠圈外有 4 个星月纹。

萨珊王朝阿尔达希尔三世 1 德拉克马银币

公元 628~630 年

径 35.5 毫米，重 3.9 克

正面国王阿达希尔三世面右胸像，戴球髻新月齿冠，币文是"祝愿阿尔达希尔繁荣昌盛"；背面祭火台和二祭司，纪年和造币地标识。

萨珊王朝布伦女王 1 德拉克马银币

公元 630~631 年

径 32.6 毫米，重 4.1 克

正面国王面右胸像，留辫，戴新月上球髻双翅圆顶冠，币文意为"繁荣昌盛 布伦"，双珠圈外有 3 个星月纹。背面是国王与祭司分站在祭火坛两侧，上部火焰左右有星月纹，左侧造币纪年"2"，右侧造币地"塞卡斯坦"，三层珠圈外有 4 个星月纹。

萨珊王朝耶兹格德三世 1 德拉克马银币

公元 632~651 年

径 31.7 毫米，重 4.1 克

正面国王面右胸像，无须，戴星月双翅城齿冠，币文意为"繁荣昌盛 耶兹格德"，珠圈外有 3 个星月纹。背面是国王与祭司分站在祭火坛两侧，上部火焰左右有星月纹，左侧造币纪年"2"，右侧造币地"塞卡斯坦"，双层珠圈外有 4 个星月纹。

陀拔里斯坦王朝乌玛尔·本·安拉 1/2 德拉克马银币

公元 771~780 年

径 22.8 毫米，重 2 克

正背面仿库思老二世币型。正面右侧巴列维文，意为"乌玛尔繁荣昌盛"，右下铭文，意为"赞美"。背面左侧为巴列维文造币纪年，右侧为造币地。

萨珊王朝附属国，陀拔里斯坦王朝（Tabaristan），地处今伊朗高原北缘的厄尔布尔士山脉与里海南岸之间。公元 651 年前，曾是波斯萨珊王朝的附属国。

陀拔里斯坦王朝苏莱曼·本·穆萨 1/2 德拉克马银币

公元 787~789 年

径 23.9 毫米，重 1.8 克

正背面仿库思老二世币型。正面菱形人面，中书阿拉伯文，意为"好的"；左侧巴列维文，意为"繁荣昌盛"；右侧库法体阿拉伯文，意为"苏莱曼"；右下铭文意为"赞美"。背面左侧为巴列维文造币纪年右侧为造币地。

阿拉伯—萨珊库思老二世币型 1 德拉克马银币

具体年代未明

径 30 毫米，重 3.7 克

正面国王面右胸像，戴星月双翅城齿冠，巴列维文币文，意为"繁荣昌盛，库思老"，双珠圈外有 3 个星月纹，右下阿拉伯文，意为"以安拉的名义"。背面是国王与祭司分站在祭火坛两侧，上部火焰左右有星月纹，左侧造币纪年，右侧造币地简写，三层珠圈外有 4 个星月纹。

阿拉伯—萨珊阿卜杜勒·本·祖拜尔型 1 德拉克马银币

公元 680~692 年

径 29.2 毫米，重 4.2 克

正背面仿库思老二世币型。正面右侧巴列维文，意为"阿卜杜勒·本·祖拜尔"，右下阿拉伯文，意为"以安拉的名义"。

阿拉伯—萨珊哈里发·阿布杜拉·伊本祖拜尔 1 德拉克马银币

公元 680~692 年

径 29 毫米，重 4.2 克

银币采用库思老二世版。正面有巴列维文，意为"哈里发·阿布杜拉·伊本祖拜尔"。

阿拉伯—萨珊穆拉德（锡斯坦总督）1 德拉克马银币

约公元 770 年

径 33.4 毫米，重 3.7 克

正背面库思老二世币型。正面右侧阿拉伯文，意为"穆拉德"。

埃兰王国

埃兰王国是一个文明古国，早在公元前 3000 年已经建国，公元前 12 世纪衰落。公元前 6 世纪后由阿契美尼德王朝统治，成为波斯帝国的行省。塞琉古王朝时曾一度独立。帕提亚王朝国王米特拉达特斯一世（公元前 171~前 138 年）后，埃兰成为帕提亚王朝（安息）的附属国。

埃兰王国卡姆纳斯克里斯三世和安扎泽 4 德拉克马银币

公元前 82~前 73 年
径 28.3 毫米，重 13.7 克

正面国王束头带及王后面左胸像，右侧为造币厂徽记；背面宙斯左手持杖右手托奈克女神，币文为希腊文，意为"国王卡姆纳斯克里斯和王后安扎泽"。

埃兰王国卡姆纳斯克里斯四世 4 德拉克马银币

公元前 63~前 54 年
径 29.3 毫米，重 14.8 克

正面国王面左胸像，短须，束头带，右侧造币厂徽记复打奈克女神戳记；背面宙斯左手持杖右手托奈克女神，币文为希腊文，意为"国王卡姆纳斯克里斯之孙卡姆纳斯克里斯"。

埃兰王国卡姆纳斯克里斯五世 4 德拉克马银币

公元前 54~前 33 年
径 28.4 毫米，重 14.4 克

正面国王面左胸像，长须，束头带，右侧有一芒星纹和造币厂徽记；背面中间束头带短须人物面左胸像，币文为希腊文，意为"国王卡姆纳斯克里斯之孙卡姆纳斯克里斯"。

塞克王国

公元前 130 年，大月氏人西迁，迫使游牧民族塞克人由两河流域越过阿富汗北部来到阿富汗高原西部的赫拉特、马尔吉亚那和巴尔赫，建立塞克王国。后来，这些地区后被划入帕提亚王朝，成为帕提亚附属国。

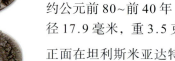

塞克王朝坦利斯 1 德里克马银币

约公元前 80~前 40 年

径 17.9 毫米，重 3.5 克

正面在坦利斯米亚达特斯银币人物颈部加盖戳记，是一右向无须卷发人物头像，外圈希腊文，意为"坦利斯"；背面纹饰磨损不清。

塞克王朝坦利斯 1 德里克马银币

约公元前 80~前 40 年

径 18.4 毫米，重 3.6 克

正面在安息王朝奥罗德斯二世银币人物颈部加盖戳记，是一右向无须人物头像；背面文字未能释读。

波西斯

波西斯位于波斯高原西南面的波斯湾，是阿契美尼德王朝的发源地。亚历山大帝国灭波斯帝国后，波西斯仍拥有独立地位，首都波西波利斯。波西斯从公元前 180 年起，自行打制钱币。

波西斯瓦德弗拉达一世 4 德拉克马银币

公元前 2 世纪中期
径 31.3 毫米，重 16.9 克

正面国王面右胸像，戴有护耳的长沿软帽。背面中间是琐罗亚斯德教神庙，左侧国王面右站像，双手举于胸前，右侧有一面旗帜，外圈阿拉米文，意为"瓦德弗拉达 神之总督"。

此币是在巴伊达 4 德拉克马银币上再次打压而成。

波西斯大流士一世 1 德拉克马银币

公元前 2 世纪末
径 17.8 毫米，重 3.7 克

正面国王面右胸像，戴平顶长沿帽，帽顶有一新月。背面中间是琐罗亚斯德教神庙，上部是有双翼的阿胡拉马兹达神，左侧国王面右站像，双手举于胸前，右侧有一只站立的鹰，下方阿拉米文，意为"大流士国王"。

波西斯大流士二世 1 德拉克马银币

公元前 1 世纪

径 16.6 毫米，重 4 克

正面国王戴圆顶冠面左胸像，冠中间装饰有一新月；背面国王双手举于胸前站立于祭火坛前，外圈阿拉米文，意为"国王大流士　国王瓦德弗拉达之子"。

波西斯帕科一世 1 奥波银币

公元前 1 世纪上半叶

径 17.5~14 毫米，重 1.7 克

正面国王帕科一世侧面像；背面三旋纹，币文模糊不清。

波西斯瓦赫希尔一世 1 奥波银币

公元前 1 世纪下半叶末

径 12.5~11 毫米，重 1.8 克

正面国王瓦赫希尔一世侧面像；背面图案模糊不清。

埃利迈斯王国 4 德拉克马银币

公元前 54~前 33 年，帕提亚帝国附属国埃利迈斯王国打制

径 30 毫米，重 15.2 克

正面国王卡姆纳斯雷斯五世像；背面中间国王头像，币文模糊。

波西斯阿尔达希尔二世 1 德拉克马银币

公元前 1 世纪末

径 20.7 毫米，重 3.8 克

正面国王戴城齿冠面左胸像，右侧有一徽记；背面国王双手
举于胸前站立于祭火坛前，外圈阿拉米文，意为"国王阿尔达希尔 国王
大流士之子"。

波西斯帕克尔一世 1/2 德拉克马银币

公元 1 世纪初期

径 15.3 毫米，重 1.7 克

正面国王束头带面左胸像；背面是三漩图案，外圈阿拉米文，意为"国王
帕克尔 国王瓦赫沙尔之子"。

波西斯纳帕德世 1/2 奥波银币

公元 1 世纪末

径 10 毫米，重 0.4 克

正面国王戴圆顶冠面左胸像，冠中间装饰有一新月；
背面为其先辈面左胸像，外有阿拉米文，意为"国
王纳帕德 国王纳姆巴德之子"。

巴克特里亚—希腊王朝和印度—希腊王朝钱币(公元前 250 年至公元前 1 世纪)

公元前 250 年，巴克特里亚总督狄奥多托斯（Diodotus I）趁塞琉古王朝和埃及托勒密王朝的第二次战争之机，宣布独立，脱离塞琉古王朝，建立巴克特里亚—希腊王朝。

公元前 190 年，巴克特里亚国王攸赛德莫斯一世去世，其子德米特里乌斯一世（Demetrius I）即位。这一年，安条克三世在同罗马的战争中大败，塞琉古王朝从此永远失去了小亚细亚。公元前 185 年前后，孔雀王朝被巽迦王朝取代，德米特里乌斯一世趁机扩张，先后将中亚的喀布尔、印度河上游靠近喜马拉雅山西北部一带的犍陀罗和旁遮普等地纳入王国的版图。在北印度建立了印度—希腊王朝，从而开始了希腊和印度文化融合。

巴克特里亚钱币极具特色，既有带有明显的希腊风格，又有巴克特里亚和印度本土文化的痕迹，显示了希腊、巴克特里亚、印度在文化、政治、经济上的融合。

巴克特里亚—希腊王朝狄奥多托斯一世 1 斯达特金币

公元前 256~前 248 年，艾哈农（Ai-Khanoum）造币厂打制
径 17.9 毫米，重 8.31 克

正面国王束头带面右头像；背面宙斯左手托神盾右手持霹雳左行像，左右希腊文 "ΒΑΣΙΛΕΩΣ ΑΝΤΟΧΟΥ"（安条克国王）。

此时，狄奥多托斯一世还是塞琉古王朝的行省总督，故仍以安条克的名义制造钱币。

巴克特里亚—希腊王朝攸赛德莫斯一世 4 德拉克马银币

公元前 235~前 200 年
径 29.3 毫米，重 16.3 克

正面青年国王束头带面右像；背面赫拉克勒斯持棒面左坐像，左右希腊文 "ΒΑΣΙΛΕΩΣ ΕΥΘΥΔΗΜΟΥ"（攸赛德莫斯国王）。

巴克特里亚—希腊王朝攸赛德莫斯二世 4 德拉克马银币

公元前 200~前 190 年

径 31 毫米，重 16.8 克

正面国王束头带面右胸像；背面赫拉克勒斯站像，左手持大棒和狮皮，右手持花环，左右希腊文"ΒΑΣΙΛΕΩΣ ΕΥΘΥΔΗΜΟΥ"（攸赛德莫斯国王）。

印度—希腊王朝德米特里乌斯一世 4 德拉克马银币

公元前 200~前 185 年，木鹿造币厂打制

径 33 毫米，重 17.1 克

正面头戴象鼻盔王国头像；背面赫拉克勒斯裸体正面站像，一手自行加冕，一手持棍棒及狮皮。币文为"ΒΑΣΙΑΕΩΣ ΔΗΜΗΤΡΙΟΥ"（德米特里乌斯国王）。

象鼻盔正是德米特里乌斯南征印度胜利的象征。

巴克特里亚—希腊王朝阿加索克勒斯 4 德拉克马银币

公元前 185~前 165 年

径 30.4 毫米，重 16.6 克

正面国王束头带面右胸像；背面左手持权杖右手托赫卡式的宙斯站像，左右希腊文"ΒΑΣΙΑΕΩΣ ΑΓΑΘΟΚΛΕΟΥΣ"（阿加索克勒斯国王）。

印度—希腊王朝攸克拉提德斯 4 德拉克马银币

公元前 171~前 135 年，木鹿造币厂打制
径 32 毫米，重 16.4 克

正面为国王攸克拉提德斯一世戴脊盔头像；背面为双子座狄俄斯库里兄弟手持长矛和棕榈树枝骑马像，上下是希腊文 "ΒΑΣΙΛΕΩΣ ΜΕΓΑΛΟΥ ΕΥΚ ΡΑΤΙΔΟΥ"（国王攸克拉提德斯）。

攸克拉提德斯（公元前 171~前 135 年），是一个非常著名的印度—希腊君主。他是第一个发起暴动推翻了德米特里斯和奥海德莫斯二世的人。

印度—希腊王朝米南德一世 1 德拉克马银币

公元前 160~前 145 年，塔克西拉造币厂打制
径 17 毫米，重 2.4 克

正面为国王米南德一世头像，周围是希腊文 "ΒΑΣΙΛΕΩΣ ΕΩΤ ΗΡΟΣ ΜΕΝΑΝΔΡΟΥ"（救世主米南德国王）；背面为雅典娜女神手持神盾和雷电球站像，周围是佉卢文。

米南德一世是德米特里乌斯二世之子，攸克拉提底斯一世副王，印度—希腊王朝最著名的君王之一。他大力推崇佛教，与孔雀王朝的阿育王、贵霜王朝的伽腻色伽一世并称为佛教的三大护法王。

印度—希腊王朝菲罗赛努斯 4 德拉克马银币

公元前 125~前 115 年
径 27.2 毫米，重 9.3 克

正面国王戴脊盔面右胸像，外圈希腊文 "ΒΑΣΙΛΕΩΣ ΑΝΙΚΗΤΟΥ ΦΙΑΟΣΕΝ ΟΥ"（不可战胜的菲罗赛努斯国王）；背面国王骑马右行像，外圈佉卢文，意为 "菲罗赛努斯国王"。

印度—希腊王朝赫马厄斯 4 德拉克马银币

公元前 75~前 50 年
径 25.8 毫米，重 8.4 克

正面国王束头带面右胸像，外圈希腊文 "ΒΑΣΙΛΕΩΣ ΕΩΤΗΡΟΣ ΕΡΜΑΙΟΥ"（救世主赫马厄斯国王）；背面宙斯持权杖坐像，外圈佉卢文，意为 "赫马厄斯国王"。

印度—塞克王朝钱币（公元前 90~公元 10 年）

塞克人（Sakas）是游弋在亚欧大陆北部广大地区的游牧民族。公元前 120 年，在大月氏的驱赶下被迫南下。大约在公元前 110 年侵入印度—希腊王朝，逐步建立印度—塞克王朝，以毛伊斯为开国君主。毛伊斯死后，印度—塞克王朝分裂。在之后约百年间，先后被印度—帕提亚王朝、贵霜王朝、印度王朝侵袭后灭亡。

印度塞克王朝的钱币延续了印度—希腊王朝钱币的风格，正面采用希腊文，背面使用佉卢文。

印度—塞克王朝毛伊斯 4 德拉克马银币

公元前 90~前 60 年
径 25.9 毫米，重 7.4 克

正面宙斯持权杖面左站像，外圈希腊文 "ΒΑΣΙΛΕΩΣ ΒΑΣΙΛΕΩΝ ΜΕΓΑΛΟΥ MAYOY"（王中之王 毛伊斯大王）；背面奈克女神面右站像，一手持花环，一手握棕榈枝，外圈佉卢文，意为 "王中之王毛伊斯"。造币厂印记不同。

印度—塞克王朝阿泽斯一世 4 德拉克马银币

公元前 57~前 35 年
径 28.2 毫米，重 9.7 克

正面国王持矛骑马右行像，外圈希腊文 "ΒΑΣΙΛΕΩΣ ΒΑΣΙΛΕΩΝ ΜΕΓΑΑΛΟΥ AZOY"（王中之王阿泽斯大王）；背面宙斯站像，一手握权杖，一手持霹雳，外圈佉卢文，意为 "王中之王阿泽斯"。

印度—塞克王朝阿泽斯一世 1 德拉克马银币

公元前 57~前 35 年

径 17.1 毫米，重 2.6 克

正面国王持矛骑马右行像，外圈希腊文 "ΒΑΣΙΛΕΩΣ ΒΑΣΙΛ
ΕΩΝ ΜΕΓΑΛΟΥ ΑΖΟΥ"（王中之王阿泽斯大王）；背
面雅典娜左行像，手持霹雳及神盾，外圈佉卢文，意为
"王中之王阿泽斯"。

印度—塞克王朝阿泽斯二世 4 德拉克马银币

公元前 35~前 12 年

径 24.6 毫米，重 9.5 克

正面国王骑马右行像，外圈希腊文 "ΒΑΣΙΛΕΩΣ ΒΑΣΙΛ
ΕΩΝ ΜΕΓΑΛΟΥ ΑΖΟΥ"（王中之王阿泽斯大王）；
背面宙斯面左站像，一手握权杖一手托奈克女神，外
圈佉卢文，意为 "王中之王阿泽斯"。

印度—塞克王朝阿泽斯二世 1 德拉克马银币

公元前 35~前 12 年

径 15.3 毫米，重 2.5 克

正面国王骑马右行像，外圈希腊文 "ΒΑΣΙΛΕΩΣ ΒΑΣΙΛΕΩΝ ΜΕΓΑΛΟΥ
ΑΖ ΟΥ"（王中之王阿泽斯大王）；背面雅典娜女神持长矛及神盾正面站像，
外圈佉卢文，意为 "王中之王阿泽斯"。

贵霜王朝钱币（公元 55~425 年）

公元 1 世纪中叶，贵霜部翕侯丘就却（Kujula Kadphises）统一五部，建立贵霜帝国。丘就却又南下攻击喀布尔河流域和今喀什米尔地区，后定都为高附（今阿富汗的喀布尔），初步奠定了帝国的基础。公元 127~180 年，贵霜帝国在迦腻色伽一世和其继承者统治之下达到鼎盛，被认为是当时欧亚四大强国之一，与汉朝、罗马、安息并列。

贵霜王朝钱币是采用希腊币值，多见金币。币文由希腊文和佉卢文向贵霜文和婆罗米文转变，图案由国王和希腊神像转化为国王、贵霜神、印度神像。

贵霜王朝大月氏时期巴克特利亚地区 1/2 德拉克马银币

约公元前 1 世纪初

径 15 毫米，重 1.3 克

正面戴脊盔国王面右头像，外圈希腊文 "AΖEεIΛ"（阿格希利斯）；背面向右站狮，上有月纹，左右均为希腊文 "NANAIA"（娜娜亚）。

贵霜王朝国王丘就却 4 德拉克马银币

约公元 50~90 年

径 31.2 毫米，重 15.3 克

正面国王束头带面右胸像；背面国王骑马右行像，身后奈克女神为其加冕，外圈希腊文，意为"伟大的国王贵霜翕侯"，马腿间希腊文 "ΣAKA"（塞克）。

贵霜王朝国王威玛·卡德菲西斯 2 第纳尔金币

约公元 110~127 年

径 24.1 毫米，重 15.9 克

正面国王垂腿面左坐像，右手持大头棒，单侧焰肩，外圈自 1 点钟位置起希腊文 "BACI ΛEYC OOHMO KAΔΦICHC"（威玛·卡德菲西斯国王）；背面持三叉戟面左裸身的湿婆及神牛，外圈佉卢文，意为 "伟大的国王 王中之王 世界之主 伟大的主 威玛·卡德菲西斯 救星"。

贵霜王朝国王威玛·卡德菲西斯 1 第纳尔金币

约公元 110~127 年

径 20 毫米，重 7.9 克

正面国王面右半身像，右手持大头棒，单侧焰肩，头后无徽记，外圈从 1 点钟位置起希腊文 "BACI ΛEYC OOHMO KAΔΦICHC"（威玛·卡德菲西斯国王）；背面湿婆面左裸身站像，右手持三叉戟，左手挂狮皮，外圈佉卢文，意为 "伟大的国王 王中之王 世界之主 伟大的主 威玛·卡德菲西斯 救星"。

贵霜王朝国王威玛·卡德菲西斯 1 第纳尔金币

约公元 110~127 年

径 20.2 毫米，重 7.9 克

正面国王面左半身像，右手持大头棒，左手持象钩，单侧焰肩，外圈自 1 点钟位置起希腊文 "BACI ΛEYC OOHMO KAΔΦICHC"（威玛·卡德菲西斯国王）；背面湿婆面左裸身站像，右手持三叉戟，左手挂狮皮，外圈佉卢文，意为 "伟大的国王 王中之王 世界之主 伟大的主 威玛·卡德菲西斯 救星"。

贵霜王朝国王威玛·卡德菲西斯 1/4 第纳尔金币

约公元 110~127 年

径 13.7 毫米，重 2 克

正面为窗口内国王面右头像，外圈自 1 点位置起希腊文 "BACI ΛΕΥC OOH MO KAΔΦICHC"（威玛·卡德菲西斯国王）；背面是三叉戟，左边国王徽记右边圣牛徽记，外圈佉卢文，意为 "伟大的国王 王中之王 威玛·卡德菲西斯"。

贵霜王朝国王伽腻色迦一世 1 第纳尔金币

约公元 127~152 年

径 19.5 毫米，重 7.9 克

正面国王面左站像，戴翻沿帽，右手持象钩给祭坛敬献，左手持矛，单侧焰肩，外圈贵霜文 "ΦAONANO ΦAO KANHΡ KI KOΦANO"（王中之王 贵霜王 伽腻色迦）；背面是太阳神面左站像，手握剑柄，右侧贵霜文 "MIIPO"（米罗），左侧为伽腻色迦一世徽记。

贵霜王朝国王伽腻色迦一世 1 第纳尔金币

约公元 127~152 年

径 19.6 毫米，重 8 克

正面国王面左站像，戴翻沿帽，右手持象钩给祭坛敬献，左手持矛面左站像，单侧焰肩，外圈贵霜文，意为 "王中之王 贵霜王 伽腻色迦"；背面是月亮神面左站像，手握权杖面左站像，右侧贵霜文 "MAO"（玛奥），左侧为伽腻色迦一世徽记。

贵霜王朝国王胡韦色迦 1 第纳尔金币

约公元 152~192 年

径 18.6 毫米，重 7.9 克

正面国王面右半身像，戴圆顶冠，右手持大头棒，左手持象钩，外圈贵霜文 "ÞAONANO ÞAO OHÞKI KOÞANO"（王中之王 贵霜王 胡韦色迦），无焰肩；背面是太阳神面左站像，手握剑柄，右侧贵霜文 "MIIPO"（米罗），左侧为胡韦色迦国王徽记。

贵霜王朝国王胡韦色迦 1 第纳尔金币

约公元 152~192 年

径 18.4 毫米，重 8 克

正面国王面左半身像，戴圆顶冠，右手持大头棒，左手持象钩，外圈贵霜文，意为 "王中之王 贵霜王 胡韦色迦"，单侧焰肩；背面是大地神右行像，右手持魔杖，左手托碗，左侧贵霜文 "NANA"（娜娜），右侧为胡韦色迦国王徽记。

贵霜王朝国王胡韦色迦 1 第纳尔金币

约公元 152~192 年

径 20.1 毫米，重 7.96 克

正面国王面左半身像，戴尖顶冠，右手持大头棒，左手持长矛，外圈贵霜文，意为 "王中之王 贵霜王 胡韦色迦"，无焰肩。背面是丰饶女神右行像，双手持丰饶角，左侧贵霜文 "APΔOXÞO"（阿多赫索），右侧为胡韦色迦国王徽记。

贵霜王朝国王胡韦色迦 1/4 第纳尔金币

约公元 152~192 年

径 11.9 毫米，重 2 克

正面国王面左半身像，戴圆顶冠，右手持大头棒，左手持象钩，外圈贵霜文，意为"王中之王 贵霜王 胡韦色迦"，无焰肩；背面是幸运之神面右站像，一手握权杖，一手拿钱袋，有头光，有斗篷，左侧贵霜文"ΦΑΡΟ"（法罗），右侧为胡韦色迦国王徽记。

贵霜王朝国王韦苏提婆一世 1 第纳尔金币

约公元 192~237 年

径 20 毫米，重 8 克

正面国王戎装面左站像，右手给祭坛敬献，左手持矛，无焰肩，祭坛旁无三叉戟，外圈贵霜文"ΡΑΟΝΑ ΝΟ ΡΑΟ ΒΑΖΔΗΟ ΚΟΡΑΝΟ"（王中之王 贵霜王 韦苏提婆）；背面是持三叉戟的湿婆及神牛，左侧贵霜文"ΟΗΡΟ"（奥索），右侧为韦苏提婆一世国王徽记。

贵霜王朝国王伽腻色迦二世 1 第纳尔金币

约公元 237~240 年

径 22.8 毫米，重 7.9 克

正面国王面左站像，身着点状对襟甲胄，右手给祭坛敬献，左手持矛，祭坛旁有三叉戟，外圈贵霜文"ΡΑΟΝΑΝΟ ΡΑΟ ΚΑΝΗΡΚΟ ΚΟΡΑΝΟ"（王中之王 贵霜王 伽腻色迦）；背面是持三叉戟的湿婆及神牛，右侧贵霜文"ΟΗΡΟ"（奥索），左上侧为伽腻色迦二世国王徽记。

贵霜王朝国王伽腻色迦二世 1 第纳尔金币

约公元 237~240 年

径 21.9 毫米，重 7.86 克

正面国王面左站像，身着点状对襟甲胄，右手给祭坛敬献，左手持矛，祭坛旁有三叉戟，外圈贵霜文 "ÞAONANO ÞAO KANHÞKO KOÞANO"（王中之王 贵霜王 伽腻色迦）；背面是持三叉戟的湿婆及神牛，右侧贵霜文 "OHÞO"（奥索），左上侧为伽腻色迦二世国王徽记。

贵霜王朝伽腻色迦二世 1 第纳尔金币

约公元 237~240 年打制

径 20.5 毫米，重 7.88 克

正面国王面左站像，身着点状对襟甲胄，右手给祭坛敬献，左手持矛，祭坛旁有三叉戟，外圈贵霜文 "ÞAOUAUO ÞAO BAZHÞ KO KOHÞAN"（王中之王 贵霜王 伽腻色迦）；背面是持三叉戟的湿婆及神牛，右侧贵霜文 "OHÞO"（奥索），左上侧为伽腻色迦二世国王徽记。

贵霜王朝瓦希色迦二世 1 第纳尔金币

公元 240~250 年

径 20 毫米，重 7.9 克

正面国王盛装站像，一手持三叉戟，一手持供奉祭坛，周围是贵霜文 "ÞAOUAUO ÞAO BAZHÞ KO KOHÞANO"（王中之王 贵霜王 瓦希色迦），双脚中间和两侧有婆罗米文印记；背面是大地神阿多赫索（APΔOXÞO）像，坐在宝座上。

贵霜王朝国王韦苏提婆二世 1 第纳尔金币

约公元 270~300 年

径 21.4 毫米，重 7.9 克

正面国王面左站像，身着戎装，右手给祭坛敬献，左手持矛，祭坛旁有三叉戟，右侧婆罗米文，意为"韦苏"；背面丰饶女神坐像，右手持绥带，左手捧丰饶角，右侧贵霜文"APΔOXÞO"（阿多赫索），左上侧为徽记。

贵霜王朝夏迦一世 1 第纳尔金币

约公元 300~340 年

径 19.5 毫米，重 7.8 克

正面国王面左站像，身着戎装，右手给祭坛敬献，左手持矛，祭坛旁有三叉戟，右侧婆罗米文，意为"夏迦"；背面丰饶女神右手持绥带左手捧丰饶角坐像，左上侧为徽记。

贵霜王朝卡普纳达 1 第纳尔金币

约公元 340~360 年

径 18.3 毫米，重 7.6 克

正面国王面左站像，身着戎装，右手给祭坛敬献，左手持矛，祭坛旁有三叉戟，右侧婆罗米文，意为"卡普纳达"。背面丰饶女神坐像，右手持绥带，左手捧丰饶角，左上侧为徽记。

贵霜王朝嘎达哈拉 1 第纳尔金币

公元 360~380 年

径 20.4 毫米，重 7.8 克

正面国王面左站像，身着戎装，右手给祭坛敬献，左手持矛，祭坛旁有三叉戟，右侧婆罗米文，意为"嘎达哈拉"。背面丰饶女神坐像，右手持绥带，左手捧丰饶角，左上侧为徽记。

这种钱币在卡普纳达之后的犍陀罗地区发行。

贵霜萨珊王朝钱币（公元 230~977 年）

贵霜萨珊王朝或称印度—萨珊王朝（Indo-Sasanian），是萨珊王朝在西北印度所建的附属国，这个地区原是贵霜西部领地。萨珊附属国王称贵霜沙（Kushanshah）。

公元 3 世纪，贵霜王朝以印度河为界分为东、西两部。东部以塔克西拉为都，由贵霜后裔统治，后亡于印度笈多王朝。西部定都迦毕试，由贵霜沙统治，公元 5 世纪为嚈哒人所灭。

贵霜萨珊王朝钱币有贵霜型和萨珊型两种。贵霜型有金币铜币，图案为国王和湿婆、神牛像，币文为贵霜文，币面有徽记和佛教印记。后期出现碟形币。萨珊型有金银铜质，币图为国王像和祭火坛，币文是巴列维文。

贵霜萨珊早期无名币 1 第纳尔金币

公元 215~235 年
径 24.7 毫米，重 8 克

正面贵霜王韦苏提婆戎装站像，右手供给祭坛敬献，左手持三叉戟，祭坛旁有三叉戟；背面湿婆手持三叉戟和神牛站像，右侧贵霜文"奥索"（OHРO）。

公元 230 年，萨珊王朝国王阿尔达希尔一世灭帕提亚王朝后继续东进，占领巴克特里亚。公元 240~270 年，其子沙普尔一世占领塔克西拉、犍陀罗等地，建立印度—萨珊王朝。公元 410 年，嚈哒人灭印度—萨珊王朝，建立印度—嚈哒王朝。

贵霜萨珊王朝阿尔达希尔一世 1 第纳尔金币

公元 230~245 年
径 26.7 毫米，重 7.78 克

正面贵霜王韦苏提婆戎装站像，右手供给祭坛敬献，左手持三叉戟，祭坛旁有三叉戟，外圈贵霜文，意为"王中之王　贵霜王韦苏提婆"。背面是持三叉戟的湿婆及神牛，头部有新月纹及头光，右侧贵霜文"OHРO"（奥索）；左上侧为韦苏提婆一世国王徽记。

贵霜萨珊王朝阿尔达希尔一世 1 第纳尔金币

公元 230~245 年
径 22 毫米，重 8.05 克

正面国王面左站像，身着戎装，右手给祭坛敬献，左手持三叉戟，祭坛旁有三叉戟，外圈贵霜文，意为"王中之王，贵霜王韦苏提婆"。背面是持三叉戟的湿婆及神牛，头部有新月纹及头光，右侧贵霜文"OHРO"（奥索）。左上侧为韦苏提婆一世国王徽记。

贵霜萨珊王朝巴赫兰一世 1 第纳尔金币

约 325~350 年

径 33.5 毫米，重 7.7 克

正面国王面左站像，戴平顶花冠，顶部有花球，头后有双飘带，身着戎装，右手给祭坛敬献，左手持三叉戟面，双侧焰肩，祭坛旁有三叉戟；右侧是寄多罗王族徽记，外圈贵霜文，意为"巴赫兰大王 贵霜的国王"。背面是持三叉戟的湿婆及神牛；右侧贵霜文，意为"至尊的神祇"。

贵霜萨珊王朝巴赫兰二世 1 第纳尔金币

公元 325~350 年

径 32.7 毫米，重 7.8 克

正面国王面左站像，戴双羊角冠，顶部有花球，头后有双飘带，身着戎装，右手给祭坛敬献，左手持三叉戟，双侧焰肩，左臂下有 3 个点，祭坛旁有三叉戟；右侧是寄多罗王族徽记，外圈贵霜文，意为"巴赫兰大王 贵霜的国王"。背面是持三叉戟的湿婆及神牛；右侧贵霜文，意为"至尊的神祇"。

贵霜萨珊王朝巴赫兰三世 1 第纳尔金币

公元 325~350 年

径 32.7 毫米，重 7.6 克

正面国王面左站像，戴平顶花冠，顶部有双翅及花球，头后有双飘带，身着戎装，右手给祭坛敬献，左手持三叉戟，双侧焰肩，祭坛旁有三叉戟；右侧是寄多罗王族徽记，外圈贵霜文，意为"巴赫兰大王 贵霜的国王"。背面是持三叉戟的湿婆及神牛；右侧贵霜文，意为"至尊的神祇"。

寄多罗王朝钱币（公元 360 年至公元 5 世纪）

公元 360 年，贵霜王朝被贵霜王朝附属国寄多罗王朝替代。寄多罗王朝得名于其匈奴裔创始人寄多罗，最大疆域包括白沙瓦、塔克西拉、旁遮普和查谟。公元 5 世纪，被嚈哒人所灭。

寄多罗王朝钱币在外形上受到贵霜王朝和萨珊王朝钱币的影响，但是币文采用婆罗米文。塔克西拉地区的钱币图案模仿贵霜钱，克什米尔地区的钱币采用抽象化图案。

寄多罗王朝寄多罗王 1 第纳尔金币

公元 360~380 年，塔克西拉地区发行
径 23.8 毫米，重 7.8 克

正面国王戎装面左站像，右手给祭坛敬献，左手持矛，祭坛旁有三叉戟；右侧婆罗米铭文，意为“贵霜”，左臂下婆罗米文，意为“寄多罗”，祭坛右侧婆罗米文，意为“卡潘”及花团。背面丰饶女神坐像，右手持绥带，左手捧丰饶角，左上侧为徽记。

寄多罗王朝寄多罗王 1 第纳尔金币

公元 360~380 年
径 22.1 毫米，重 7.81 克

正面国王戎装面左站像，右手给祭坛敬献，左手持矛，祭坛旁有三叉戟；右侧婆罗米铭文，意为“贵霜”；左臂下婆罗米文，意为“寄多罗”；祭坛右侧婆罗米文，意为“卡潘”及花团。背面丰饶女神坐像，右手持绥带，左手捧丰饶角，左上侧为徽记。

寄多罗王朝沙赫 1 第纳尔金币

公元 360~380 年

径 24 毫米，重 8.1 克

正面国王戎装面左站像，右手给祭坛敬献，左手持矛，祭坛旁有三叉戟；右侧婆罗米铭文，意为"贵霜"；左臂下婆罗米文，意为"寄多罗"；祭坛右侧婆罗米文，意为"沙赫"及花团。背面丰饶女神坐像，右手持绶带，左手捧丰饶角，左上侧为徽记。

寄多罗王朝克雷塔维亚 1 第纳尔金币

公元 5 世纪早期，塔克西拉地区发行

径 24.2 毫米；重 8 克，低金

正面国王戎装面左站像，右手给祭坛敬献，左手持矛，祭坛旁有三叉戟；右侧婆罗米铭文，意为"贵霜"；左臂下婆罗米文，意为"寄多罗"。背面丰饶女神坐像，右手持绶带，左手捧丰饶角；右侧婆罗米文，意为"吉祥克雷塔维亚"；花团左上侧为徽记。

寄多罗王朝雅苏瓦拉曼 1 第纳尔金币

公元 5 世纪，克什米尔地区发行

径 21.4 毫米；重 7.4 克，低金

正面抽象化国王站像。背面抽象化的大地神阿多赫索坐像；右侧婆罗米文，意为"吉祥雅苏瓦拉曼"。

寄多罗王朝威格拉哈提婆 1 第纳尔金币

公元 5 世纪，克什米尔地区发行

径 20.8 毫米；重 7.7 克，低金

正面抽象化国王站像。背面抽象化的大地神阿多赫索坐像，右侧婆罗米文，意为"吉祥威格拉哈提婆"。

寄多罗王朝杜尔拉提婆 1 第纳尔金币

公元 5 世纪晚期，克什米尔地区发行

径 20.7 毫米；重 7.2 克，低金

正面抽象化国王站像。背面抽象化的大地神阿多赫索坐像；右侧婆罗米文，意为"吉祥杜尔拉提婆"。

寄多罗王朝威纳雅迪提亚 1 第纳尔金币

公元 5 世纪晚期，克什米尔地区发行

径 21.5 毫米；重 7.9 克，低金

正面抽象化国王站像。背面抽象化的大地神阿多赫索坐像；右侧婆罗米文，意为"吉祥威纳雅迪提亚"。

嚈哒王朝钱币（公元 4~6 世纪）

嚈哒人（Hephthalite）是古代生活在欧亚大陆的游牧民族，公元 5~6 世纪一再侵入波斯和印度。根据中国史书记载，他们原来居住长城以北，称滑国，是中亚塞人游牧民族与汉代大月氏人的后裔，西方史学家称之为"白匈奴"。

总的来说，嚈哒王朝币属于仿制币，币种币值纷乱多样，时常与西突厥、寄多罗币混淆。

嚈哒王朝 1 斯塔特金币

公元 4 世纪末
径 34.3 毫米；重 7.1 克，低金

仿制巴赫兰三世贵霜沙迪纳尔金币。正面国王身着戎装，右手给祭坛敬献左手持三叉戟面左站像，祭坛旁有三叉戟，右下方是嚈哒徽记。背面纹饰不辨。

嚈哒王朝 1 德拉克马银币

公元 475~560 年，喀布尔地区发行

径 27.5 毫米，重 3.2 克

"那波克"币型。正面国王戴牛首双翅冠面右胸像，上唇留须戴耳饰，头后双飘带；右侧巴列维文，意为"那波克 马里卡"。背面为两祭司和祭火坛，上部左右各有一法轮。

嚈述王朝仿萨珊 1 德拉克马银币

约公元 5 世纪

径 29 毫米，重 3.5 克

正面国王戴新月冠面像，头后双飘带；背面为不清楚的两祭司和祭火坛。

嚈哒王朝 1 德拉克马银币

公元 7 世纪初

径 30.3 毫米，重 3.2 克

在萨珊王朝霍尔姆兹德五世银币边缘加盖戳记。也有可能是西突厥加盖。

西突厥钱币（公元 560~610 年）

公元 603 年，以阿尔泰山为界，突厥分裂为以蒙古为中心的东突厥和以七河流域为中心的西突厥。公元 630 年，东突厥被中国唐朝所灭；公元 657 年，又灭西突厥。西突厥主要统治中亚的巴克特里亚、粟特和花剌子模。西突厥钱币沿袭萨珊王朝钱币形制。

西突厥 1 德拉克马银币

约公元 7 世纪

径 31.2 毫米，重 3.6 克

在萨珊王朝霍尔姆兹德四世银币边缘加盖戳记。正面右上方戳记内容是人物头像；背面右上戳记贵霜文。

西突厥 1 德拉克马银币

约公元 7 世纪

径 31.6 毫米，重 3.4 克

正面国王面右胸像，戴虎首双翅冠；圈内婆罗米文，意为"吉祥韦苏提婆国王"，圈外是贵霜文。背面祭火坛和两祭司，左右两侧巴列维文，外圈为贵霜文。钱币中间镶金，正面下部有徽记印戳。

西突厥 1 德拉克马银币

约公元 7 世纪

径 29.9 毫米，重 3.7 克

仿萨珊王朝银币形制，正面国王戴牛首双翅冠面右胸像，双肩有新月纹；左右两侧为巴列维文，外圈左右及下方是徽记。背面祭火坛和两祭司，左右两侧巴列维文。

北吐火罗钱币（公元 5~7 世纪）

吐火罗（Tokharistan）位于阿姆河上游，其名称源于公元前 2 世纪迁入此地的大月氏中的吐火罗族。吐火罗分为南吐火罗（阿姆河左岸）和北吐火罗（阿姆河右岸）。北吐火罗是由多个小王国组成。早期北吐火罗币为加盖和仿萨珊德拉克马型，后转为石汗那型。公元 775 年以后，归入阿拉伯伊斯兰币系列。

北吐火罗 1 德拉马克银币

公元 6 世纪中期
径 26.5 毫米，重 2.6 克

在仿制的萨珊王朝库思老一世银币边缘加盖戳记，外缘有 3 处人物头像戳记。

北吐火罗 1 德拉马克银币

公元 6 世纪末
径 25.2 毫米，重 2.1 克

在仿制的萨珊银币边缘加盖戳记，右侧边缘是心形戳记，左侧边缘为贵霜文戳记。

犍陀罗国钱币（公元前 6 世纪）

犍陀罗国，是公元前 6 世纪已经存在的南亚次大陆国家，为列国时代十六大国之一。犍陀罗国的核心区域包括今巴基斯坦东北部和阿富汗东部，地处兴都库什山脉，国人多居于喀布尔河、斯瓦特河、印度河等河流冲击形成的山谷地区。

犍陀罗 1/16 萨塔玛纳银币

公元前 500~前 400 年
径 12 毫米，重 0.7 克

正面是凹印六臂符，背面光面。

犍陀罗 1/4 萨塔玛纳银币

公元前 500~前 400 年
径 14 毫米，重 2.8 克

正面是凹印六臂符，背面光面。

犍陀罗 1 萨塔玛纳银币

公元前 500~前 400 年
长 38 毫米，宽 10 毫米，重 11.5 克

正面两个凹印六臂符。背面光面。后期弯条形制。

孔雀王朝钱币（约公元前 324~前 185 年）

公元前 325 年，亚历山大大帝从印度河流域撤走，在旁遮普设立了总督，留下了一支军队。约在公元前 317 年，摩揭陀国刹帝利贵族旃陀罗笈多，率领人民揭竿而起，击败了西北印度的马其顿部队，并宣布了印度的自由。之后，他推翻了难陀王朝的统治，建立了孔雀王朝。

孔雀王朝的钱币为印记币，该类银币是公元前 324~前 187 年印度北方打制。这些银币形状随意，没有文字，只有印记。此外，摩揭陀王朝、难陀王朝、巽加王朝及以后一些王朝也都打制这种银币，前后有四五百年。

孔雀王朝禅达笈多卡 1 萨帕那银币

公元前 321~前 297 年，华氏城打制

重 3.2 克

正面 5 个印记。

孔雀王朝宾杜萨拉 1 萨帕那银币

公元前 297~前 272 年，华氏城打制

重 3.3 克

正面 5 个印记

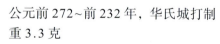

孔雀王朝阿育王 1 萨帕那银币

公元前 272~前 232 年，华氏城打制

重 3.3 克

正面 5 个印记。

孔雀王朝库纳拉 1 萨帕那银币

公元前 232~前 224 年，华氏城打制

重 3.2 克

正面 5 个印记。

孔雀王朝达萨罗陀 1 萨帕那银币

公元前 224~前 216 年，华氏城打制

重 3.3 克

正面 5 个印记。

笈多王朝钱币（约公元 320~约 540 年）

笈多王朝是中世纪统一印度的第一个封建王朝，是中世纪印度的黄金时代，疆域包括印度北部、中部及西部部分地区。首都为华氏城（今巴特那）。

公元 4 世纪初，北印度小国林立。摩揭陀国王旃陀罗·笈多一世据华氏城建立笈多王朝。沙摩陀罗·笈多采取武力征服政策，统一北印度大部。此后，海陆并进南下征服奥里萨、德干高原东部。旃陀罗·笈多二世（超日王）时期，北印度尽入笈多王朝版图，笈多王朝至此达到鼎盛时期。佛陀·笈多以后（约公元 500 年），发生经济危机。嚈哒托拉马纳和米西拉库拉卷土重来，吞并笈多王朝大部分领土，严重破坏北印度政治经济文化，促使其瓦解为许多封建小国，北印度再度处于政治分裂局面，笈多王朝灭亡。

笈多王朝的钱币主要是第纳尔金币，少量的德拉克马银币及铜币。

笈多王朝萨摩陀罗笈多 1 第纳尔金币

公元 335~380 年

径 20.3 毫米，重 7.7 克

正面国王右手给祭坛敬献左手持矛面左站像，左侧为金翅鸟柱头旗杆；国王左臂下婆罗米文，意为"萨摩陀罗"；外圈笈多体婆罗米文，意为"英勇国王，所向无敌，百战百胜，再降上天"。背面吉祥天女正面坐像，左上方是徽记；右侧婆罗米文，意为"英勇国王"。

笈多王朝萨摩陀罗笈多 1 第纳尔金币

公元 335~380 年

径 20.8 毫米，重 7.6 克

正面国王右手给祭坛敬献左手持矛面左站像，左侧为金翅鸟柱头旗杆；国王左臂下婆罗米文，意为"萨摩陀罗"；外圈笈多体婆罗米文，意为"英勇国王 所向无敌 百战百胜 再降上天"。背面吉祥天女正面坐像，左上方是徽记；右侧婆罗米文，意为"英勇国王"。

笈多王朝禅达笈多二世 1 第纳尔金币

公元 380~414 年

径 20.2 毫米，重 7.9 克

护伞型。正面国王面左站像，左手握剑，右手给祭坛敬献，国王身后有仆人撑起护伞；外圈笈多体婆罗米文，意为"英勇之子 征服大地 凭借伟绩 再降上天"。背面吉祥天女面左站像，右手持花环，左手抱丰饶角，左上侧为徽记；右侧婆罗米文，意为"英勇之子"。

笈多王朝禅达笈多二世 1 第纳尔金币

公元 380~414 年

径 20 毫米，重 7.9 克

猎狮型。正面国王一脚踩狮子一手握剑面右像；外圈笈多体婆罗米文，意为"王中之月 勇入猛狮 驰骋战场 无可匹敌"。背面吉祥天女盘腿坐于狮子背上，右手持花环左手握莲花，左上侧为徽记，右侧婆罗米文，意为"斯里 猎狮勇士"。

笈多王朝禅达笈多二世 1 德拉克马银币

公元 380~414 年

径 13.4 毫米，重 1.8 克

正面国王戴平顶帽面右头像。背面张开双翅的金翅鸟；外圈婆罗米文，意为"毗湿奴的信徒 王中之王 英勇的禅达笈多"。

笈多王朝鸠摩罗笈多 1 第纳尔金币

公元 414~455 年

径 19.1 毫米，重 8.1 克

正面国王骑马右行像，外圈笈多体婆罗米文，意为"笈多家族 苍空无暇之月，犹如天神 英勇无可匹敌"；背面吉祥天女面左坐像，右手饲孔雀左手握莲花，右侧婆罗米文，意为"天神之子"。

笈多王朝鸠摩罗笈多 1 第纳尔金币

公元 455~467 年

径 19.6 毫米，重 8.2 克

正面为国王站像，背面为吉祥天女。

笈多王朝塞健陀笈多 1 第纳尔金币

公元 455~467 年

径 22.1 毫米，重 9.14 克

正面为国王站像，背面为吉祥天女。

笈多王朝旃陀陀笈多 1 第纳尔金币

公元 455~467 年

径 18 毫米，重 7.78 克

正面为国王站像，背面为吉祥天女。

笈多王朝那罗辛哈笈多 1 第纳尔金币

公元 507~532 年

径 20.1 毫米，重 9.6 克

正面国王面左站像，左手持弓，右手握箭，左侧为金翅鸟
柱头旗杆；国王左臂下婆罗米文，意为"那罗辛哈笈多"。
背面吉祥天女盘腿坐于莲花座上，右手持花环左手握莲花，
左上侧为徽记，右侧婆罗米文。

笈多王朝鸠摩罗笈多 1 德拉克马银币

公元 414~455 年

径 14.3 毫米，重 2.1 克

正面国王戴平顶帽面右头像；背面张开双翅的金翅鸟，外圈婆罗米文，意
为"征服大地之王 鸠摩罗笈多再降服上天"。

笈多王朝鸠摩罗笈多 1 德拉克马银币

公元 414~455 年

径 13.9 毫米，重 2.2 克

正面国王戴平顶帽面右头像；背面张开双翅的金翅鸟，外圈
婆罗米文，意为"征服大地之王 鸠摩罗笈多再降服上天"。

笈多王朝后诸王朝钱币

公元 6 世纪末，笈多王朝北受嚈哒人的入侵，南有诸多藩国的离析，最终瓦解，进入了后笈多王朝时代。期间先后出现过众多小王朝和邦国，并打制各自的金银钱币。

笈多王朝附属国三摩呾吒 1 第纳尔金币

公元 5 世纪

径 20.6 毫米，重 5.76 克

正面为国王站像，背面是吉祥天女。

卡拉秋里王朝耿吉亚提婆金币

公元 1015~1041 年

径 15.5 毫米，重 4.1 克

正面为吉祥天女坐像；背面为 3 行天城体梵文，意为"斯里 耿吉亚 提婆"。

章德拉王朝萨拉克夏纳瓦尔曼 1 标准金币

公元 1097~1110 年

径 16.5 毫米，重 4.2 克

正面是四臂吉祥天女盘腿坐像；背面是 3 行天城体梵文，意为"斯里 萨拉克 夏纳瓦尔曼 提婆"。

查拉健王朝拉其普特金币

公元 1145~1171 年

径 14.5 毫米，重 4.1 克

正面为四臂吉祥天女盘腿坐像，背面是 3 行天城体梵文。

查拉健王朝鸠摩罗帕拉金币

公元 1145~1171 年

径 18.2 毫米，重 4.1 克

正面为四臂吉祥天女盘腿坐像；背面 3 行天城体梵文，意为"斯里 鸠摩罗帕拉提婆"。

查拉健王朝德拉克马银币

公元 11~12 世纪

径 15.5 毫米，重 3.7 克

正面为极为简化的印度—萨珊型国王头像；背面为极为简化的祭火坛，上方有星月图案。

兆汉王朝阿加雅提婆德拉克马银币

公元 1110~1125 年

径 17 毫米，重 4.4 克

正面四臂吉祥天女盘腿坐像；背面 2 行天城体婆罗米文，意为"斯里 阿加雅提婆"。

伽哈达瓦拉王朝（卡脑季）戈文达禅达金币

公元 1114~1154 年

径 20.6 毫米，重 3.9 克

正面四臂吉祥天女盘腿坐像；背面 3 行天城体梵文，意为"斯里 戈文达禅达提婆"。

雅达瓦王朝钱币（公元 1100~1313 年）

雅达瓦位于孟买附近。公元 9 世纪起为遮娄其王朝附属国。公元 12 世纪末独立，曾一度攻占遮娄其首府卡尔耶那，迫使遮娄其君主流亡外地。公元 14 世纪初，雅达瓦亡于德里苏丹卡尔吉王朝。

雅达瓦王朝辛格哈纳 1 帕戈达金币

公元 1200~1247 年

径 19.7 毫米，重 3.7 克

正面上方婆罗米文戳记"斯里 辛格哈纳"，左右及下方为符号戳记；背面光素。

雅达瓦王朝罗摩·禅达 1 帕戈达金币

公元 1270~1311 年

径：15.7 毫米，重 3.82 克

正面有 5 个戳记，中间是 8 瓣莲花，左侧婆罗米文，意为"斯里 罗摩"和三叉戟，右侧是法螺，上下为符号戳记。背面光素。

朱罗王朝金币

公元 1007~1279 年

径 19.5 毫米，重 4.38 克

正面国王持莲花坐像，背面国王站像。

阿鲁帕王朝金币

公元 1040~1345 年

径 14.7 毫米，重 3.6 克

正面双鱼和珠串图案，背面伽里文。

西恒伽王朝无名王 1 帕戈达金币

公元 1080~1138 年

径 13.9 毫米，重 3.92 克

正面右向的盛装大象，背面是旋转的花饰。

维查耶纳伽尔王朝钱币（公元 1336~1670 年）

公元 1336 年，在喀喀迪耶王朝和曷萨拉王朝疲于抵御北方伊斯兰王朝入侵时，君主诃里诃罗一世建都维查耶纳伽尔，成立印度系的维查耶纳伽尔王朝。之后，维查耶纳伽尔王朝一面向南部扩张，一面抵御北方入侵。历经雅达瓦、沙鲁瓦、突鲁瓦和阿拉维杜四个王朝，最终亡于北方强大的伊斯兰莫卧尔王朝。

维查耶纳伽尔王朝诃里诃罗二世 1/2 帕戈达金币

公元 1377~1404 年

径 10.1 毫米，重 1.7 克

正面毗湿奴和吉祥天女坐像，上方有日月；背面天城体梵文，意为"斯里 光荣的诃里诃罗"。

维查耶纳伽尔王朝纳雅卡王国克里希纳 1 帕戈达金币

公元 1565~1602 年

径 12.5 毫米，重 3.4 克

正面克里希纳盘腿坐像；背面天城体梵文，意为"斯里 光荣的克里希纳拉雅"。

纳雅卡是维查耶纳伽尔王朝附属国，公元 16 世纪独立。

阿豪马王国（阿萨姆）钱币（公元 13 世纪~公元 1824 年）

公元 13 世纪，缅甸北方掸邦约 9000 人进入北阿萨姆邦，建立阿豪马王国，后日渐强大，并逐步印度化。公元 15 世纪末伊斯兰王朝一度占领布拉马普特拉谷地，因不适应季风湿热气候而与阿豪马讲和，阿豪马因此长期保持独立。公元 18 世纪后受到了英军的干预，公元 1821 年阿豪马并入英属缅甸。公元 1824 年，被孟加拉英军夺回。

阿豪马王国格林纳萨·辛哈 1/4 莫霍尔金币

公元 1780~1795 年

径 14.3 毫米，重 2.9 克

正背面天城体梵文。

阿豪马王国禅达坎塔·辛哈 1/2 卢比银币

公元 1810~1818 年

径 16.6 毫米，重 5.7 克

正背面天城体梵文。

倭马亚王朝钱币（公元 661~750 年）

倭马亚王朝是阿拉伯伊斯兰帝国第一个世袭王朝，由前叙利亚总督穆阿维叶（后来的哈里发穆阿维叶一世）所创建，是穆斯林历史上最强盛的王朝之一。统治时间自公元 661 年始，至公元 750 年终。该王朝钱币铭文采用古兰经经文和打制年份。

自公元 7 世纪 90 年代末始，由于伊斯兰文明影响日益广泛，钱币也被赋予宗教宣传功能，币文打制有"真主是唯一的，穆罕默德是真主的使者"等古兰经经文。

倭马亚王朝瓦利德一世 1 第纳尔金币

公元 705~715 年

径 20.0 毫米，重 4.3 克

正面、背面铭文为古兰经经文和打制年份。

瓦利德一世，是伊斯兰教第十代哈里发，是阿拉伯帝国倭马亚王朝第六代哈里发。

倭马亚王朝瓦利德一世 1 迪尔汗银币

公元 705~715 年，瓦斯特造币厂打制

径 25.6 毫米，重 3.0 克

正面、背面铭文，为古兰经经文以及打制年份。

倭马亚王朝欧麦尔二世 1 第纳尔金币

公元 717~720 年

径 19.3 毫米，重 4.2 克

正面、背面铭文为古兰经经文和打制年份。

欧麦尔二世，伊斯兰教第十二代哈里发，阿拉伯帝国伍麦叶王朝第八代哈里发。

倭马亚王朝欧麦尔二世 1 迪尔汗银币

公元 717~720 年，大马士革打制

径 25.5 毫米，重 2.5 克

正面、背面铭文为古兰经经文和打制年份。

倭马亚王朝耶齐德二世 1 第纳尔金币

公元 720~724 年

径 19.6 毫米，重 4.2 克

正面、背面铭文为古兰经经文和打制年份。

耶齐德二世，伊斯兰教第十三代哈里发，阿拉伯帝国伍麦叶王朝第九代哈里发。

倭马亚王朝耶齐德二世 1 迪尔汗银币

公元 720~724 年，瓦斯特打制

径 26.2 毫米，重 2.6 克

正面、背面铭文为古兰经经文和打制年份。

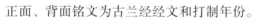

倭马亚王朝希沙姆 1 迪尔汗银币

公元 724~743 年，瓦斯特打制

径 26 毫米，重 2.9 克

正面、背面铭文为古兰经经文和打制年份。

希沙姆一世，伊斯兰教第十四代哈里发，也是阿拉伯帝国倭马亚王朝第
十代哈里发。

阿拔斯王朝钱币（公元 750 年～1258 年）

阿拔斯王朝是阿拉伯帝国的第二个世袭王朝，史称"黑衣大食"。公元 750 年，取代倭马亚王朝，定都巴格达。公元 1258 年，被蒙古旭烈兀西征所灭。阿拔斯王室是伊斯兰教先知穆罕默德的叔父阿拔斯·伊本·阿卜杜勒·穆塔里卜的后裔。该王朝统治时期，中世纪的伊斯兰教世界达到了极盛，在哈伦·拉希德和马蒙统治时期更达到了顶峰。该王朝的钱币正背面都是古兰经经文及打造年份。

阿拔斯王朝马赫迪 1 第纳尔金币

公元 775~785 年

径 18.5 毫米，重 4.1 克

正面、背面铭文为古兰经经文和打制年份。

阿尔·马赫迪，伊斯兰教第二十一代哈里发，阿拔斯王朝第三代哈里发，第二代哈里发曼苏尔一世之子。

阿拔斯王朝马赫迪 1 迪尔汗银币

公元 775~785 年

径 25.7 毫米，重 2.9 克

正面、背面铭文为古兰经经文和打制年份。

阿拔斯王朝哈伦·拉希德 1 第纳尔金币

公元 786~809 年

径 17.2 毫米，重 4.0 克

正面、背面铭文为古兰经经文和打制年份。背面下方铭文标记"Musa"，即"穆萨"的名讳，这种标记一般打制于埃及造币厂。

哈伦·拉希德是阿拔斯王朝最著名的哈里发，统治的 23 年间，国势强盛。名著《一千零一夜》渲染了许多他的奇闻轶事。

阿拔斯王朝哈伦·拉希德 1 迪尔汗银币

公元 786~809 年，雷伊造币厂打制

径 25.3 毫米，重 3.0 克

正面、背面铭文为古兰经经文和打制年份。

阿拔斯王朝艾敏·穆罕默德 1 第纳尔金币

公元 809~813 年，和平之城（巴格达）打制

径 18.3 毫米，重 3.9 克

正面、背面铭文为古兰经经文和打制年份。背面上方标记"rabbi Allah"，即"我的主 真主"，下方标记"al-Amin"，即哈里发"艾敏"的名讳。

艾敏·穆罕默德，哈里发哈伦·拉希德之子。

阿拔斯王朝艾敏·穆罕默德 1 迪尔汗银币

公元 809~813 年，和平之城（巴格达）打制

径 23.1 毫米，重 2.9 克

正面、背面铭文为古兰经经文和打制年份。背面下方标记 "al-Abbas"，即高官"阿巴斯"的名讳

他是和平之城（巴格达）的总督。

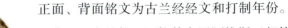

阿拔斯王朝马蒙·阿卜杜拉 1 迪尔汗银币

公元 813~833 年，和平之城（巴格达）打制

径 24 毫米，重 2.8 克

正面、背面铭文为古兰经经文和打制年份。

马蒙·阿卜杜拉，阿拉伯帝国阿拔斯王朝第七任哈里发。

后阿拔斯王朝纳赛尔 1 第纳尔金币

公元 1180~1225 年，和平之城（巴格达）打制

径 30.0 毫米，重 9.1 克

正、背面铭文均为古兰经经文和打制年份。正面另标注有纳斯尔头衔"信徒的领袖"。

纳赛尔，伊斯兰教第五十二代哈里发，阿拉伯帝国阿拔斯王朝第三十四代哈里发。

后阿拔斯王朝穆斯塔欣 1 第纳尔金币

公元 1242~1258 年，和平之城（巴格达）打制

径 27.6 毫米，重 8.5 克

正面、背面铭文为古兰经经文和打制年份；正面另标注穆斯塔欣头衔"信徒的领袖"。

穆斯塔欣，伊斯兰教第五十五代哈里发，是最后一位在巴格达的阿拔斯王朝哈里发。

图伦王朝钱币（公元 868~905 年）

图伦王朝，是公元 868 年埃及总督突厥人艾哈迈德·伊本·图伦在埃及建立的地方割据政权（公元 868~905 年）。该王朝的钱币正背面都是古兰经经文及打造年份。

图伦王朝胡马腊韦 1 第纳尔金币

公元 884~896 年，埃及打制
径 20.9 毫米，重 4.0 克

正面、背面铭文为古兰经经文和打制年份。背面另标注有哈里发"穆尔台米德"和国王"胡马腊韦·本·艾哈迈德"名讳。

图伦王朝哈伦 1 第纳尔金币

公元 896~905 年，埃及打制
径 22.6 毫米，重 4.1 克

正面、背面铭文为古兰经经文和打制年份。背面另标注有哈里发"穆尔台米德"和国王"哈伦·本·胡马腊韦"名讳。

法蒂玛王朝钱币（公元 909~1171 年）

北非伊斯兰王朝，又译法蒂玛王朝，史称"绿衣大食"，西方文献又名南萨拉森帝国，以伊斯兰先知穆罕默德之女法蒂玛得名。公元 909 年，奥贝德拉伊斯兰教什叶派首领在突尼斯以法蒂玛和阿里的后裔自居，自称哈里发，建都马赫迪亚，后征服摩洛哥，并进而占领整个马格里布。公元 969 年，哈里发穆伊兹派部将乔海尔征服阿拉伯帝国统治下的埃及，并于公元 973 年迁都开罗。该王朝钱币的正背面为古兰经经文，背面中央标注了国王头衔及打制年份。

法蒂玛王朝阿齐兹·尼扎尔 1 第纳尔金币

公元 975~996 年
径 23.1 毫米，重 4.1 克

正面、背面均为古兰经经文，背面中央标注了阿齐兹·尼扎尔的头衔"信徒的领袖"以及打制年份。

阿齐兹·尼扎尔，公元 10 世纪后期北非伊斯兰的法蒂玛王朝第五任哈里发、该王朝第一位统治埃及地区的哈里发，其时王朝达到鼎盛时期。

法蒂玛王朝阿齐兹·尼扎尔 1/2 迪尔汗银币

公元 975~996 年
径 19.4 毫米，重 1.4 克

正面、背面均为古兰经经文，背面中央标注了阿齐兹·尼扎尔的头衔"信徒的领袖"以及打制年份。

法蒂玛王朝哈克木·阿布·阿里·满速尔 1 第纳尔金币

公元 996~1021 年

径 21.9 毫米，重 4.1 克

正面、背面均为古兰经经文，正面另标注有"阿里是真主的朋友"，背面另标注有"哈克木 信徒的领袖"和打制年份。

哈克木，埃及法蒂玛王朝第六代哈里发，为哈里发阿齐兹之子。

法蒂玛王朝哈克木·阿布·阿里·满速尔 1/2 迪尔汗银币

公元 996~1021 年

径 18.3 毫米，重 1.4 克

正面、背面均为古兰经经文，正面另标注有"阿里是真主的朋友"，背面另标注有"哈克木 真主宗教的喜爱 信徒的领袖"及打制年份。

耶路撒冷王国十字军仿铸法蒂玛风格 1 第纳尔金币

公元 12 世纪

径 23 毫米，重 3.8 克

正面、背面均为古兰经经文，以及哈里发名讳。

十字军东征是罗马天主教教皇乌尔班二世发动的、持续近 200 年的一系列宗教性军事行动。

兹利王朝（法蒂玛）穆兹·本·巴迪斯 1 第纳尔金币

公元 1016~1062 年

径 23.7 毫米，重 4.1 克

正面、背面为古兰经经文和打制年份。正面下方增加了一行铭文"荣耀的伊斯兰城 凯鲁万"。

兹利王朝因与法蒂玛王朝不合，故在币面上使用不同的古兰经语段以区别于法蒂玛王朝钱币。

阿尤布王朝钱币（公元 12~13 世纪）

阿尤布王朝为公元 12~13 世纪统治埃及、叙利亚、也门等地的伊斯兰教王国。该王朝由库尔德人建立，全盛时期的版图延伸至圣城麦加与北伊拉克。由阿尤布、谢尔库赫兄弟带领的阿尤布家族原先是赞吉王朝的士兵，后来在阿尤布之子、埃及民族英雄萨拉丁带领下获得了独立地位。该王朝的钱币正背面都是古兰经经文及打制年份。

阿尤布王朝萨拉丁·优素福·本·阿尤布 1 第纳尔金币

公元 1169~1193 年，开罗打制
径 18.4 毫米，重 3.8 克

正面、背面为古兰经经文和打制年份；正面中部标注"伊玛目纳绥尔"。

萨拉丁，埃及阿尤布王朝的第一位苏丹、叙利亚的第一位苏丹，是埃及历史上的民族英雄。伊玛目，阿拉伯语，意为领拜人，引申为学者、领袖、楷模等。

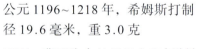

阿尤布王朝阿迪力一世 1 迪尔汗银币

公元 1196~1218 年，希姆斯打制
径 19.6 毫米，重 3.0 克

正面、背面为古兰经经文和打制年份。铭文标注"马利克·卡米勒，真主信徒们的王子"。

阿尤布王朝阿迪勒一世 1 第纳尔金币

公元 1217 年，伊斯坎达里亚造币厂打制

径 21 毫米，重 4.6 克

此系标准重第纳尔金币。正面中央铭文"伊玛目艾哈迈德"，内圈铭文"穆斯坦绥尔 奉真主的命令 信徒的领袖"，外圈铭文意为"以仁慈且富有同情心的真主的名义，造于回历 4 年 10 年 600 年 埃及"。背面中央铭文"阿布 伯克尔"，即阿迪勒一世的名字；内圈铭文"和平赐予他们，公正的国王"，外圈铭文"万物非主，唯有真主，穆罕默德真主使者，他以正道和真教的名义，委托他的使者，以便他使真教胜过一切宗教，即使以物配主者不愿意"。

阿尤布王朝卡米勒一世加重型第纳尔金币

公元 1229 年，开罗造币厂打制

径 21 毫米，重 6.8 克

正面中央四行铭文为卡米勒一世的全名，周围铭文为"以真主的名义 富有同情心的 仁慈的 打制于回历 626 年"。背面中心四行铭文为伊斯兰教第五十四代哈里发——阿拔斯王朝的穆斯坦绥尔的全名，外圈铭文为"以正道和真教的名义，委托他的使者，以便他使真教胜过一切宗教，即使以物配主者不愿意"。

阿尤布王朝埃及苏丹卡米勒一世，本名卡米勒·穆罕默德，是阿迪力一世之子，公元 1219~1238 年在位，是埃及的第四位阿尤布苏丹。回历 626 年，即公元 1229 年。

马穆鲁克王朝钱币（公元 1250~1517 年）

马穆鲁克王朝是埃及历史上一个伊克塔制封建制的国家。分前、后两期：前期名为伯海里王朝（Bahri dynasty），是由钦察突厥奴隶主主政。伯海里即河洲，因为他们是在尼罗河上值班。后期由公元 1382 年开始，名布尔吉王朝（Burji dynasty），由切尔克斯人统治。该王朝钱币正背面都为古兰经经文及打制年份。背面中部有"世界和宗教之剑"的铭文。

马穆鲁克王朝盖拉温 1 第纳尔金币

公元 1279~1290 年，开罗打制
径 21.7 毫米，重 6.8 克

正面、背面为古兰经经文和打制年份。背面中部标注盖拉温头衔"世界和宗教之剑"。

盖拉温，钦察人，埃及马木留克王朝第七代苏丹。

马穆鲁克王朝巴尔斯贝 1 第纳尔金币

公元 1422~1438 年，开罗打制
径 22.8 毫米，重 5.8 克

正面、背面为古兰经经文和打制年份。背面中部打制巴尔斯贝头衔"世界和宗教之柱"以及狮子形象。

巴尔斯贝，切尔克斯人，埃及马穆鲁克布尔吉王朝第九位苏丹。

鲁姆苏丹国钱币（公元 1077~1308 年）

鲁姆苏丹国是塞尔柱王朝旁支在小亚细亚建立的封建国家，因东方人称拜占庭统治下的小亚细亚为鲁姆，故名。公元 1116 年迁都科尼亚，也称科尼亚苏丹国。该国钱币多为国王名号、打制年份、赞美词和一些抽象图案。

鲁姆苏丹国凯库巴德一世 1 迪尔汗银币

公元 1220~1237 年
径 22.4 毫米，重 3.0 克

正面铭文"伊玛目 穆斯坦绥尔"以及打制年份，背面铭文"伟大的苏丹凯库巴德"。

凯库巴德一世是鲁姆苏丹国苏丹，公元 1220~1237 年在位。

鲁姆苏丹国凯霍鲁斯二世 1 迪尔汗银币

公元 1237~1245 年
径 21.8 毫米，重 2.9 克

正面图案为太阳脸和狮子，并标记"伊玛目"名讳，背面标记"苏丹"名讳。

鲁姆苏丹国凯卡乌思德二世 1 迪尔汗银币

公元 1246~1249 年
径 23.0 毫米，重 3.0 克

正面标记"伊玛目"（阿拉伯领袖）名讳，背面标记"苏丹"名讳。

凯卡乌思德二世，是凯霍斯鲁二世的长子。

哈夫斯王朝钱币（公元 13~16 世纪）

哈夫斯王朝，公元 13~16 世纪柏柏尔人在突尼斯建立的王朝。公元 13 世纪，柏柏尔人的阿尔穆瓦希德王朝分裂为三个国家。公元 1228 年，统治今突尼斯地区的长官阿布·扎卡里亚·叶海亚宣布独立，建立哈夫斯王朝。其疆域除今突尼斯外，还包括的黎波里塔尼亚和阿尔及利亚的部分领土。哈夫斯原是部落名，建立国家后沿用该名。

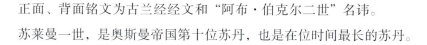

哈夫斯王朝阿布·伯克尔二世 1 第纳尔金币

公元 1310~1346 年

径 28 毫米，重 4.7 克

正面、背面铭文为古兰经经文和"阿布·伯克尔二世"名讳。

苏莱曼一世，是奥斯曼帝国第十位苏丹，也是在位时间最长的苏丹。

奥斯曼帝国钱币（公元 1299~1923 年）

奥斯曼帝国（公元 1299~1923 年）是土耳其人建立的帝国，因创立者奥斯曼一世而得名。源于中亚突厥游牧部落，初居中亚，迁至小亚细亚，后来日渐兴盛。公元 1453 年，消灭拜占庭帝国后，奥斯曼帝国定都君士坦丁堡，改名为伊斯坦布尔。公元 16 世纪苏莱曼大帝在位之时，奥斯曼帝国日趋鼎盛，其领土在公元 17 世纪更达最高峰。公元 19 世纪初，帝国趋于没落。该王朝的钱币铭文多样复杂，通常是国王的头衔和彰显统治者荣耀的文字。

奥斯曼帝国苏莱曼一世 1 苏丹尼金币

公元 1520~1566 年

径 20.4 毫米，重 3.6 克

正面为"苏丹苏莱曼 萨利姆汗之子 其胜利会变的荣耀"，同时标注有"回历 926 年"。背面铭文"贵金属的打制者 荣耀的主宰 大地和海洋上的胜利者"。

苏莱曼一世，是奥斯曼帝国第十位苏丹，也是在位时间最长的苏丹。回历 926 年，即公元 1520 年，这是其登基年。金币标注都是国王的登基年份。

奥斯曼帝国穆拉德三世 1 苏丹尼金币

公元 1574~1595 年

径 21.7 毫米，重 3.5 克

正面铭文为"苏丹"名讳、铭文"愿其胜利会变的荣耀"以及年份和打制地。背面铭文提到"两片土地的苏丹和两片海洋的可汗"。

穆拉德三世是苏丹塞利姆二世之长子，于公元 1574 年继承皇位登基。两片土地指的是亚细亚和欧洲，两片海洋指的是黑海和地中海。

奥斯曼帝国易卜拉欣一世 1 苏丹尼金币

公元 1640~1648 年

径 21.6 毫米，重 3.4 克

正面铭文为"苏丹"名讳及年份和打制地。背面铭文为"两片土地的苏丹和两片海洋的可汗"。

易卜拉欣一世是奥斯曼帝国苏丹。

塔希尔王朝钱币（公元 820~872 年）

塔希尔王朝是在公元 820~872 年统治伊朗东部呼罗珊地区的波斯王朝。塔希尔王朝是由阿拔斯王朝波斯籍将军塔希尔·伊本·侯赛因建立。塔希尔王朝在名义上臣服于巴格达的阿拔斯王朝，但实际上是独立的。该王朝钱币正背面铭文采用古兰经经文以及打制年份。

塔希尔王朝塔希尔·本·侯赛因 1 迪尔汗银币

公元 821~822 年

径 25.1 毫米，重 2.8 克

正面、背面铭文为古兰经经文和打制年份。

塔希尔王朝阿不都拉·本·塔希尔 1 迪尔汗银币

公元 828~845 年

径 25.0 毫米，重 2.9 克

正面、背面铭文为古兰经经文和打制年份。

萨曼尼王朝钱币（公元 9~10 世纪）

萨曼尼王朝是波斯后裔建立的中亚王朝。领土包括整个河中、费尔干那、吐火罗以及呼罗
珊北境。首都设于布哈拉。该王朝钱币正背面铭文均为古兰经经文以及打制年份。

萨曼尼王朝伊斯马利·本·阿合麦德 1 迪尔汗银币

公元 892~907 年
径 29.9 毫米，重 6.1 克

正面、背面铭文为古兰经经文和打制年份。

伊斯马利·本·阿合麦德，河中地区（公元 892~907 年）和呼罗珊（公元
900~907 年）的萨曼王朝埃米尔（统治者）。

萨曼尼王朝纳斯尔二世 1 第纳尔金币

公元 914~943 年
径 25.5 毫米，重 4.6 克

正面、背面铭文为古兰经经文和打制年份。背面标记"纳斯尔·本·阿合
麦德"的名讳。

纳斯尔二世，是艾哈迈德·伊本·伊斯玛·伊尔的儿子，绰号"幸运者"，
是特罗西亚纳的埃米尔（统治者）。

萨曼尼王朝纳斯尔二世 1 迪尔汗银币

公元 914~943 年

径 26.4 毫米，重 3.0 克

正面、背面铭文为古兰经经文和打制年份。

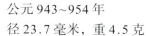

萨曼尼王朝努赫二世 1 第纳尔金币

公元 943~954 年

径 23.7 毫米，重 4.5 克

正面、背面铭文为古兰经经文和打制年份。背面另标记"努赫·本·曼苏尔"的名讳。

努赫二世，萨曼尼王朝的埃米尔，纳斯尔二世的儿子。

萨曼尼王朝努赫二世 1 迪尔汗银币

公元 943~954 年

径 29.4 毫米，重 2.8 克

正面、背面铭文为古兰经经文和打制年份。

萨曼尼王朝努赫三世 1 第纳尔金币

公元 976~997 年

径 23.2 毫米，重 4.0 克

正面、背面铭文为古兰经经文和打制年份。

努赫三世，曼苏尔一世的儿子和继承人，萨曼尼王朝的埃米尔。

萨曼尼王朝努赫三世 1 大面值迪尔汗银币

公元 976~997 年

径 42.6 毫米，重 10.6 克

正面、背面铭文为古兰经经文和打制年份。

布益王朝钱币（公元932~1055年）

布益王朝是统治伊朗西南部和伊拉克的伊朗封建王朝，因建立者阿里之父名布韦希（Buya）而得名。布韦希是里海西南岸山地德莱木人酋长，有三子：阿里（Ali）、哈桑（al-Hasan）和艾哈迈德（Ahmad）。约公元934年，阿里占法尔斯，以设拉子为都城。此后数年，该家族先后占领伊斯法罕、胡齐斯坦和克尔曼。公元945年，艾哈迈德进入巴格达，哈里发于是成为布韦希家族傀儡。实际上王朝权力掌握在长兄阿里手里。该王朝钱币正背面铭文采用古兰经经文以及打制年份。

布益王朝伊马德·阿里·达乌拉·阿布·侯赛因1迪尔汗银币

公元934~949年

径27.8毫米，重4.2克

正面、背面铭文为古兰经经文和打制年份。

布益王朝穆伊兹·阿里·达乌拉·阿合麦德1迪尔汗银币

公元939~967年

径23.9毫米，重3.4克

正面、背面铭文为古兰经经文和打制年份。

穆伊兹·阿里·达乌拉·阿合麦德，是布益王朝建立者阿里的幼子。

布益王朝阿杜德·阿里·达乌拉·阿布·叔 1 第纳尔金币

公元 949~983 年，法尔斯省打制

径 24.1 毫米，重 3.8 克

正面、背面铭文为古兰经经文和打制年份。

阿杜德采用萨珊王朝的诸王之王（Shahanshah，"King of Kings"）称号。

布益王朝伊迈德丁·阿布·卡利贾尔 1 第纳尔金币

公元 1024~1048 年

径 24.1 毫米，重 4.3 克

正面、背面铭文为古兰经经文和打制年份。

伊迈德丁·阿布·卡利贾尔，布益王朝苏丹。

哥疾宁王朝钱币（公元 962~1186 年）

哥疾宁王朝是由中亚突厥人建立，统治中亚南部、伊朗高原东部、阿富汗、印度河流域等地的伊斯兰王朝，极盛时期为中亚帝国，统治着伊朗大部、土库曼斯坦、乌兹别克斯坦部分地区、阿富汗、巴基斯坦与印度北部。该王朝钱币通常采用古兰经经文以及国王的名讳。

哥疾宁王朝萨布克特勤 1 迪尔汗银币

公元 977~997 年

径 17.7 毫米，重 3.1 克

正面、背面铭文为古兰经经文，以及萨曼尼哈里发"努赫三世"名讳。

哥疾宁王朝马哈茂德 1 第纳尔金币

公元 999~1030 年

径 24.7 毫米，重 4.3 克

正面、背面铭文为古兰经经文和打制年份。

马哈茂德是哥疾宁王朝较为英明的帝王，是首位以苏丹自称的统治者。

哥疾宁王朝马哈茂德 1 迪尔汗银币

公元 999~1030 年

径 18.2 毫米，重 3.5 克

正面、背面铭文为古兰经经文，背面有五芒星符号。

哥疾宁王朝马斯乌德一世 1 第纳尔金币

公元 1030~1042 年

径 23.8 毫米，重 3.4 克

正面、背面铭文为古兰经经文和打制年份。

哥疾宁王朝马斯乌德一世 1 迪尔汗银币

公元 1030~1042 年

径 18.2 毫米，重 2.8 克

正面、背面铭文为古兰经经文。

哥疾宁王朝法鲁克扎德 1 第纳尔金币

公元 1053~1059 年

径 22.8 毫米，重 3.8 克

正面、背面铭文为古兰经经文和打制年份。

法鲁赫扎德，是哥疾宁帝国的苏丹。他统治期间，是哥疾宁帝国繁荣和安宁的时代。

塞尔柱帝国钱币（公元 1037~1194 年）

塞尔柱帝国是塞尔柱突厥人在中亚、西亚建立的伊斯兰帝国，亦称塞尔柱王朝。帝国极盛时拥有伊朗、伊拉克、高加索、小亚细亚大部及叙利亚（包括巴勒斯坦）等地。该王朝钱币通常采用古兰经经文以及打制年份。

塞尔柱帝国艾勒卜·阿尔斯兰 1 第纳尔低金币

公元 1063~1072 年

径 21.7 毫米，重 3.4 克

正面、背面铭文为古兰经经文和打制年份。

艾勒卜·阿尔斯兰，塞尔柱帝国第二任苏丹，首任苏丹图赫里勒·贝格之侄。因其非凡的军事才能，被土耳其后人誉"阿尔普·阿尔斯兰"，意为"英勇之狮"。

塞尔柱帝国马立克沙 1 第纳尔低金币

公元 1072~1092 年

径 22.7 毫米，重 2.2 克

正面、背面铭文为古兰经经文和打制年份。

马立克沙一世，塞尔柱帝国苏丹，艾勒卜·阿尔斯兰之子。他去世后，塞尔柱帝国黄金时代随之结束。

塞尔柱帝国桑贾尔 1 第纳尔低金币

公元 1118~1157 年

径 23.3 毫米，重 3.3 克

正面、背面铭文为古兰经经文和打制年份。

艾哈迈德·桑贾尔，塞尔柱帝国中期苏丹。

花剌子模钱币（公元 700~1231 年）

花剌子模，位于中亚西部阿姆河下游、咸海南岸，即今乌兹别克斯坦及土库曼斯坦两国的土地上。公元 700 年前后被阿拉伯人征服；公元 11 世纪受塞尔柱突厥统治，领土扩至波斯、阿富汗一带。公元 11 世纪，这里兴起了以其命名的王朝，强盛时期囊括中亚河中地区、霍拉桑地区与伊朗高原大部。公元 1231 年，被蒙古帝国灭亡。花剌子模是公元 12~13 世纪中亚地区的大国，长期控制着中西贸易。该国钱币正背面铭文为古兰经经文及打造年份。

花剌子模沙阿拉丁·塔凯希 1 第纳尔金币

公元 1172~1200 年

径 24.0 毫米，重 6.0 克

正面、背面铭文为古兰经经文和打制年份。

阿拉丁·塔凯希，花剌子模沙阿。他在位时与弟弟苏丹·沙赫长期内战。

花剌子模阿拉丁·摩诃末二世 1 第纳尔金币

公元 1200~1220 年

径 24.6 毫米，重 3.5 克

正面、背面铭文为古兰经经文和打制年份。

阿拉丁·摩诃末二世是花剌子模沙阿，也是塔凯希的儿子。在他统治期间，花剌子模国成为中亚的主要帝国。

花剌子模阿拉丁·摩诃末二世 1 迪尔汗银币

公元 1200～1220 年

径 29.7 毫米，重 4.6 克

正面、背面铭文为古兰经经文和打制年份。

花剌子模阿拉丁·摩诃末二世 2 迪尔汗银币

公元 1200～1220 年

径 26.4 毫米，重 8.0 克

正面、背面铭文为古兰经经文和打制年份。

古尔王朝钱币（公元 1148~1215 年）

古尔王朝是公元 12~13 世纪突厥人在阿富汗斯坦和印度北部建立的穆斯林王朝，史称郭尔国，亦译"廓尔王朝"和"古尔苏丹国"。该王朝钱币通常采用吉祥天女拉克希米图案。

古尔王朝穆伊兹丁·穆罕默德·本·萨姆 1 斯塔特金币

公元 1171~1206 年，卡瑙季造币厂打制
径 15.0 毫米，重 4.2 克

正面为吉祥天女拉克希米，背面为那伽利铭文"穆伊兹丁"名讳。

穆仪兹丁·穆罕默德，阿富汗古尔王朝统治者。

古尔王朝穆伊兹丁·穆罕默德·本·萨姆 1 第纳尔金币

公元 1171~1206 年
径 30.5 毫米，重 9.4 克

正面、背面铭文为古兰经经文和打制年份。

古尔王朝穆伊兹丁·穆罕默德·本·萨姆 1 迪尔汗银币

公元 1171~1206 年

径 27.5 毫米，重 3.8 克

正面、背面铭文为古兰经经文和打制年份；正面
另标记"穆罕默德·本·萨姆"名讳。

古尔王朝穆伊兹丁·穆罕默德·本·萨姆 1 迪尔汗银币

公元 1171~1206 年

径 30.2 毫米，重 4.4 克

正面、背面铭文为古兰经经文和打制年份。

蒙古帝国钱币（公元 1206 年至公元 17 世纪）

蒙古帝国是公元 13 世纪由蒙古乞颜部铁木真所建政权，包括元朝、钦查汗国、察合台汗国、伊儿汗国和窝阔台汗国，广义上还包括后来的北元和其他蒙古政权。该王朝钱币丰富繁杂，每个王国的钱币都有各自的特色。铭文有古兰经经文、大汗名讳、符号等。

蒙古帝国成吉思汗 1 第纳尔金币

公元 1221~1222 年，加兹宁地区打制
直径 25 毫米，重 4.5 克

正面铭文为"公正的可汗 伟大的成吉思汗"，背面铭文是"除了真主别无真神，穆罕默德是真主的使者，纳绥尔丁·阿拉，信徒的使者"。

该币的可贵之处就是在正面标注了成吉思汗名字。成吉思汗（1162~1227年），本名孛儿只斤·铁木真，元太祖，蒙古族乞颜部人。1206 年即皇帝位，建立大蒙古国，尊号"成吉思皇帝"。

蒙古帝国成吉思汗 1 迪尔汗银币

公元 1206~1227 年，哥疾宁打制
径 16.5 毫米，重 3.2 克

正面铭文引述"哈里发 纳绥尔丁"名讳，背面铭文"公正的，最伟大的，成吉思汗"。这是比较罕见的标注有成吉思汗名讳的钱币。

蒙古帝国成吉思汗（匿名）1 第纳尔金币

约公元 1250 年

径 25.5 毫米，重 4.6 克

正面、背面铭文为古兰经经文，同时标注"大汗"头衔。

成吉思汗时期的大多数硬币并不会标注成吉思汗之名讳。
这种属于成吉思汗死后继嗣打制。

蒙古帝国蒙哥 1 迪尔汗银币

公元 1251~1259 年，提弗利斯打制

径 22.1 毫米，重 2.7 克

正面为古兰经经文，背面铭文"蒙哥，最伟大的可汗，公正的"。

孛儿只斤·蒙哥（公元 1209~1259 年），大蒙古国的大汗，史称"蒙哥汗"。
为元太祖成吉思汗之孙、拖雷长子。在位期间，攻灭南宋、大理等国，并
派遣旭烈兀西征西亚诸国。

蒙古帝国阿里不哥 1 迪尔汗银币

公元 1260~1264 年，叶密立打制

径 18.0 毫米，重 1.5 克

正面、背面均为古兰经经文，正面有一类似三叉戟徽记。

孛儿只斤·阿里不哥（约公元 1219~1266 年），元睿宗
拖雷第七子，元世祖忽必烈之弟。

窝阔台汗国禾忽 1 迪尔汗银币

约公元 1255~1264 年，布拉特打制

径 19.4 毫米，重 1.5 克

正面、背面均为古兰经经文，正面有一类似三叉戟徽记。

孛儿只斤·禾忽（合失），蒙古帝国大汗窝阔台的第五子。

窝阔台汗国海都 1 迪尔汗银币

约公元 1264~1302 年，讹答剌打制

径 19.8 毫米，重 1.6 克

正面、背面均为古兰经经文，正面有一"S"形徽记。

孛儿只斤·海都（公元 1235~1301 年），蒙古帝国窝阔台汗之孙，孛儿只斤·禾忽（合失）之子，是窝阔台汗国的奠基者。

察合台汗国察合台（匿名）1 第纳尔金币

公元 1227~1241 年，阿里麻里打制

径 22.5 毫米，重 3.2 克

正面、背面均为古兰经经文，引述"哈里发 纳绥尔丁"名讳。

察合台（公元 1183~1241 年），成吉思汗次子，察合台汗国的创建者。

察合台汗国察合台（匿名）1 迪尔汗银币

公元 1227~1241 年，阿里麻里打制

径 20.9 毫米，重 2.1 克

正面、背面均为古兰经经文；正面中央标注"极好的"，意为银币成色极佳；背面标记"伟大的国王"。

察合台汗国阿鲁忽 1 迪尔汗银币

公元 1261~1266 年，库车打制

径 18.6 毫米，重 3.0 克

阿鲁忽（？ ~公元 1266 年），察合台之孙、拜答儿之子，察合台汗国的第五任可汗。

察合台汗国塔尔麻失里 1 第纳尔银币

公元 1326~1333 年

径 32.3 毫米，重 8.1 克

正面中央有察合台汗国的心形徽记。

答儿麻失里（？ ~公元 1344 年），察合台汗国第十七代大汗。

察合台汗国哈里·阿拉 1 第纳尔银币

公元 1341~1343 年，布哈拉打制

径 30.6 毫米，重 7.7 克

正面中央有察合台汗国的心形徽记。

哈里·阿拉（Khalil Allah），也有称哈里·阿塔（Khalil Ata）的。

钦查（金帐）汗国兀剌不花 1 迪尔汗银币

公元 1287~1291 年

径 17.5 毫米，重 2.3 克

正面、背面铭文为古兰经经文和打制年份。

孛儿只斤·兀剌不花，钦查汗国的第七任大汗，拔都之曾孙，脱脱蒙哥的侄子。

钦查（金帐）汗国月即别 1 迪尔汗银币

公元 1312~1341 年

径 18.7 毫米，重 2.0 克

铭文为古兰经经文及汗王头衔名讳。

穆罕默德·月即别汗（公元 1282~1341 年），又译乌兹别克汗，是钦查汗国（金帐汗国）第九代大汗，也是在位时间最长的钦查汗国君主。

钦查（金帐）汗国脱脱迷失 1 迪尔汗银币

公元 1376~1395 年

径 15.4 毫米，重 1.3 克

铭文为古兰经经文或汗王头衔名讳。

脱脱迷失（？~公元 1405 年），铁木真长孙斡儿答后人。

伊尔汗国旭烈兀 1 迪尔汗银币

公元 1256~1265 年

径 24.3 毫米，重 2.8 克

正面、背面铭文为古兰经经文和打制年份。

孛儿只斤·旭烈兀（公元 1217~1265 年），伊尔汗国的建立者。成吉思汗之孙，拖雷第六子。1264 年，受忽必烈册封为伊尔汗，建立伊尔汗国。

伊尔汗国阿巴哈 1 第纳尔金币

公元 1265~1282 年

径 25.2 毫米，重 7.3 克

正面、背面铭文为古兰经经文和打制年份。

阿巴哈，旭烈兀之长子，伊尔汗国第二任君主。

伊尔汗国阿巴哈 1 迪尔汗银币

公元 1265~1282 年

径 21.5 毫米，重 2.8 克

正面、背面铭文为古兰经经文和打制年份。

伊尔汗国阿鲁浑 1 第纳尔金币

公元 1284~1291 年

径 20.7 毫米，重 4.0 克

正面铭文为古兰经经文，背面为回鹘文"阿鲁浑"名讳。

阿鲁浑（公元 1258~1291 年），蒙古人，阿巴哈之儿子，在 1284 年推翻叔父贴古迭儿，继任伊尔汗国的第四任君主。

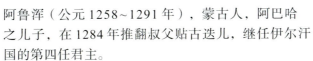

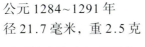

伊尔汗国阿鲁浑 1 迪尔汗银币

公元 1284~1291 年

径 21.7 毫米，重 2.5 克

正面铭文为古兰经经文，背面为回鹘文"阿鲁浑"名讳。

伊尔汗国合赞 1 第纳尔金币

公元 1295~1304 年
径 27.3 毫米，重 9.1 克

正面铭文为古兰经经文，背面为回鹘文"合赞汗"名讳以及八思巴文"玛·合斯"（合赞汗八思巴文名讳的首字母缩略写法）。

合赞汗（公元 1271~1304 年），伊尔汗国第七位君主，阿鲁浑汗的长子。

伊尔汗国伊尔汗国完者都 1 第纳尔金币

公元 1304~1316 年
径 27 毫米，重 8.6 克

正面、背面铭文为什叶派古兰经经文，四达哈里发名讳以及打制年份。

完者都（公元 1280~1316 年），阿鲁浑第三子，合赞之弟，伊尔汗国的第八任君主。

伊尔汗国不赛因 1 第纳尔金币

公元 1316~1335 年
径 25 毫米，重 9.7 克

正面、背面铭文为古兰经经文和打制年份。

不赛因（公元 1304~1335 年），完者都之子，伊尔汗国的第九任君主。

伊尔汗国不赛因 2 迪尔汗银币

公元 1316~1335 年

径 22.5 毫米，重 3.5 克

正面、背面铭文为古兰经经文和打制年份。

伊尔汗国不赛因 2 第纳尔金币

公元 1316~1335 年

径 25.5 毫米，重 8.3 克

正面、背面铭文为古兰经经文和打制年份。

伊尔汗国附属国赛尔古尔王朝阿比什·卡顿·本·萨德二世 1 第纳尔金币

公元 1263 年

径 25 毫米，重 4.3 克

正面、背面铭文为古兰经经文以及宗主国伊尔汗国"阿巴哈"名讳。

帖木儿帝国钱币（公元 1370~1507 年）

公元 1346 年，蒙古四大帝国中的察合台汗国分裂为东西两部分。公元 1370 年，突厥贵族巴鲁刺思贵族帖木儿最终夺取西察合台汗国的统治权，建都撒马尔汗。帝国鼎盛时期，其疆域从格鲁吉亚一直到印度的西亚、中亚和南亚。帖木儿帝国钱币继承了察合台钱币风格，币文以古兰经经文为主。

帖木儿帝国帖木儿天罡银币

公元 1370~1405 年
径 26.5 毫米，重 6.1 克

正面、背面铭文为古兰经经文。

埃米尔·帖木儿（公元 1336~1405 年），帖木儿帝国的创建者。

帖木儿帝国沙哈鲁天罡银币

公元 1405~1447 年，赫拉特打制
径 23.0 毫米，重 5.0 克

正面、背面铭文为古兰经经文。

沙哈鲁（公元 1377~1447 年），帖木儿帝国创始人帖木儿的第四子。在他治下，出现了帖木儿王朝波斯—突厥文艺复兴。

帖木儿帝国苏丹·侯赛因天罡银币

公元 1470~1506 年，阿斯塔拉班打制
径 24.5 毫米，重 4.8 克

正面、背面铭文为古兰经经文、"四大哈里发"名讳，以及"苏丹·侯赛因"名讳。

苏丹·侯赛因，是帖木儿的玄孙，帖木儿帝国的赫拉特地区统治者。

萨法维王朝钱币（公元 1501~1736 年）

萨法维王朝又称萨非王朝、沙法维王朝、波斯第四帝国，是由波斯人建立统治伊朗的王朝，是继阿契美尼德王朝、帕提亚帝国、萨珊王朝以来第四个完全统一伊朗东西部的王朝。该王朝钱币正背面铭文为古兰经经文，以及国王名讳。

萨法维王朝沙·伊斯马利一世沙希银币

公元 1502~1524 年，大不里士打制

径 27.0 毫米，重 9.4 克

正面、背面铭文为古兰经经文以及"伊斯马利一世"名讳。

沙·伊斯马利一世（公元 1487~1524 年），中世纪波斯萨法维帝国的创建者。

萨法维王朝沙·塔玛斯普一世 1/4 密斯卡尔金币

公元 1524~1576 年，赫拉特打制

径 11.4 毫米，重 1.1 克

正面、背面铭文为古兰经经文，以及"塔玛斯普一世"名讳。

沙·塔玛斯普一世，沙·伊斯马利一世之子，伊朗萨法维王朝的第二任沙阿。

萨法维王朝沙·塔玛斯普一世拉林银币

公元 1524~1576 年

长 49.8 毫米，重 4.9 克

铭文为古兰经经文。

萨法维王朝穆罕默德·库达班达 1/2 密斯卡尔金币

公元 1578~1588 年

径 17.4 毫米，重 2.2 克

正面、背面铭文为古兰经经文以及"穆罕默德·库达班达"名讳。

穆罕默德·库达班达，沙·塔玛斯普一世的儿子，伊朗萨法维王朝第四任沙阿。

萨法维王朝阿拔斯一世 2 密斯卡尔金币

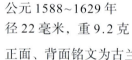

公元 1588~1629 年

径 22 毫米，重 9.2 克

正面、背面铭文为古兰经经文，以及"阿拔斯一世"名讳。

阿拔斯一世（大帝），伊朗萨法维王朝的第五任沙阿。

萨法维王朝阿拔斯一世阿巴银币

公元 1588~1629 年

径 20.0 毫米，重 7.5 克

正面、背面铭文为古兰经经文，以及"阿拔斯一世"名讳。

阿夫沙尔王朝钱币（公元 1735~1796 年）

阿夫沙尔王朝又叫红头王朝，是公元 18 世纪统治伊朗高原的一个波斯王朝，因建立者纳迪尔沙出身于阿夫沙尔（红头）部落而得名，一共传 4 个沙阿，统治 60 年。该王朝钱币正面铭文通常为二言诗，背面为祝福语。

阿夫沙尔王朝纳迪尔沙 1 莫霍尔金币

公元 1735~1747 年，马什哈德打制
径 20.2 毫米，重 11.1 克

正面铭文为二言诗，背面铭文为祝福语。

纳迪尔沙（公元 1688~1747 年），阿夫沙尔王朝开国君主。

阿夫沙尔王朝纳迪尔沙 1 卢比银币

公元 1735~1747 年，马什哈德打制
径 24.9 毫米，重 11.5 克

正面铭文为二言诗，背面铭文为祝福语。

卡扎尔王朝钱币（公元 1779~1921 年）

卡扎尔王朝又称恺加王朝，建于公元 1779 年，首次定都德黑兰。该王朝钱币正面铭文为君主的名讳和称号，背面铭文为造币厂名和日期。

卡扎尔王朝法斯·阿里·沙 1 图曼金币

公元 1797~1834 年，德黑兰打制
径 23.7 毫米，重 4.8 克

正面铭文为"法斯·阿里"名讳和称号，背面铭文为造币厂名和日期。

法斯·阿里·沙，伊朗卡扎尔王朝第二位君王，首位国王沙阿·阿迦·穆罕默德的侄子。

卡扎尔王朝法斯·阿里·沙 1 里亚尔银币

公元 1797~1834 年，伊斯法罕打制
径 22.9 毫米，重 10.4 克

正面铭文为"法斯·阿里"名讳和称号，背面铭文为造币厂名和日期。

卡扎尔王朝穆罕默德·沙 1 奇兰银币

公元 1834~1848 年，马什哈德打制
径 21.2 毫米，重 5.7 克

正面铭文为"穆罕默德"名讳和称号，背面铭文为造币厂名和日期。

穆罕默德·沙是阿巴斯·米尔扎的儿子，因父亲早逝而继承祖父法斯·阿里·沙成为君王。

卡扎尔王朝纳斯尔丁·沙 1 图曼金币

公元 1848~1896 年，塔巴里斯坦打制
径 18.8 毫米，重 3.3 克

正面铭文为"纳斯尔丁"名讳和称号，背面铭文为
造币厂名和日期。

纳斯尔丁·沙，伊朗卡扎尔王朝的第四任君主，穆罕默德·沙之子。

卡扎尔王朝纳斯尔丁·沙 1 奇兰银币

公元 1848~1896 年，赫拉特打制
径 18.5 毫米，重 5.3 克

正面铭文为"纳斯尔丁"名讳和称号，背面铭文为造币厂名和日期。

昔班尼王朝钱币（公元 1500~1598 年）

中亚的封建国家，都城初在撒马尔罕，后迁至布哈拉城，并称布哈拉汗国。创始人为蒙古帝国之金帐汗国的后裔穆罕默德·昔班尼（公元 1451~1510 年），在位时大大扩展了国家疆域，同伊朗王伊斯迈尔一世作战时身亡。

该王朝钱币正面铭文为古兰经经文和四大哈里发名讳，背面为造币厂名、日期和祝福铭文。

昔班尼王朝穆罕默德·昔班尼天罢银币

公元 1500~1510 年，布哈拉打制

径 26.6 毫米，重 5.1 克

正面铭文为古兰经经文和"四大哈里发"名讳，背面为造币厂铭和日期，外部铭文为祝词。

穆罕默德·昔班尼，布哈拉汗国昔班尼王朝的开国之君。

昔班尼王朝奥巴达·阿拉天罢银币

公元 1534~1539 年，布哈拉打制

径 28.5 毫米，重 4.7 克

正面、背面铭文为古兰经经文、造币厂和日期。

奥巴达·阿拉，昔班尼王朝第四位国王。他是昔班尼的侄子。

昔班尼王朝阿布·赛义德天罢银币

公元 1531~1534 年，布哈拉打制

径 26.7 毫米，重 4.7 克

正面、背面铭文为古兰经经文、造币厂和日期，以及阿布·赛义德头衔。

阿布·赛义德，速云赤之子。

昔班尼王朝阿不都拉二世 1/4 密斯卡尔金币

公元 1561~1583 年

径 11.8 毫米，重 0.9 克

正面、背面铭文为古兰经经文。

阿不都拉二世，又名伊斯坎德尔，布哈拉汗国昔班尼王朝第十位国王，公元 1561 年迁都布哈拉。

信德土邦钱币（公元 9~11 世纪）

信德位于印度河入海处，是伊斯兰教最早进入印度的地区。公元 9~11 世纪伊斯兰艾米尔们常在此地打制 1/4 迪拉姆的小银币，大多无造币厂铭和年代。

信德艾米尔（匿名）银币

公元 9~11 世纪打制

径 11.0 毫米，重 1.1 克

正面铭文"穆罕默德，真主使者"，背面为抽象瘤牛。

信德艾米尔阿合麦德银币

公元 9~11 世纪打制

径 9.2 毫米，重 0.3 克

正面为抽象铭文或瘤牛，背面铭文为"阿合麦德"。

信德艾米尔阿里银币

公元 9~11 世纪打制

径 9.4 毫米，重 0.5 克

正面、背面铭文为古兰经经文。

奴隶王朝（库特布沙希王朝）钱币（公元 1206~1290 年）

库特布沙希王朝（公元 1206~1290 年）是德里苏丹国第一个王朝。由于王朝的创建者库特布丁·艾伊拜克本是突厥钦察族的奴隶而得名。纳斯尔丁·马哈茂德为该王朝第八位苏丹。在位期间，处理国家事务的主要是他的副手巴尔班。该王朝钱币的正背面铭文为古兰经经文、赞词以及巴尔班和哈里发名讳。

奴隶王朝纳斯尔丁·马哈茂德 1 天罡银币

公元 1246~1266 年

径 29.4 毫米，重 10.7 克

正面、背面铭文为古兰经经文、赞词以及巴尔班和哈里发名讳。

奴隶王朝巴尔班 1 天罡金币

公元 1266~1287 年

径 28.4 毫米，重 11.0 克

正面、背面铭文为古兰经经文、赞词以及巴尔班和哈里发名讳。

巴尔班，是奴隶王朝第九位苏丹。

奴隶王朝巴尔班 1 天罡金币

公元 1266~1287 年

径 29.9 毫米，重 10.7 克

正面、背面铭文为古兰经经文、赞词以及巴尔班和哈里发名讳。

卡尔吉王朝钱币（公元 1290~1320 年）

卡尔吉王朝是德里苏丹国第二个王朝，第一任国王为菲鲁兹·卡尔基，是印度史上著名的军事家帝王之一，曾在抵抗蒙古人入侵中表现极为活跃，并在连年战争中征服了南印度王朝。该王朝钱币正背面铭文为古兰经经文以及国王头衔。

卡尔吉王朝费鲁兹沙二世 1 天罢银币

公元 1290~1296 年

径 27.1 毫米，重 10.9 克

正面、背面铭文为古兰经经文以及费鲁兹沙的头衔"第二个亚历山大"。

费鲁兹沙，原名菲鲁兹·卡尔基是卡尔吉王朝第一任国王。

卡尔吉王朝穆罕默德二世 1 天罢金币

公元 1296~1316 年

径 24.4 毫米，重 11.0 克

正面、背面铭文为古兰经经文以及穆罕默德二世头衔。

穆罕默德二世，原名阿拉乌德丁·卡吉尔，德里苏丹国卡尔吉王朝第二任苏丹。

卡尔吉王朝穆罕默德二世 1 天罢银币

公元 1296~1316 年

径 26.9 毫米，重 10.9 克

正面、背面铭文为古兰经经文以及穆罕默德二世
头衔。

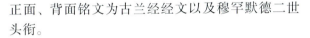

卡尔吉王朝穆巴拉克沙一世 1/3 天罢银币

公元 1316~1320 年

径 14.8 毫米，重 3.6 克

正面、背面铭文为古兰经经文以及穆巴拉克沙一世头衔。

穆巴拉克沙一世，原名库特布丁·穆巴拉克·沙阿，德里苏丹国卡尔吉王
朝的最后一任统治者。

图格鲁克王朝钱币（公元 1320~1413 年）

图格鲁克王朝是德里苏丹国第三个王朝，其创建者为加兹·图格鲁克。该王朝钱币正背面铭文为古兰经经文、国王头衔及赞美词。

图格鲁克王朝图格鲁克 1 天罡金币

公元 1321~1325 年

径 24.5 毫米，重 11.0 克

正面、背面铭文为古兰经经文、国王头衔以及赞词。

吉亚斯丁·图格鲁克，图格鲁克王朝创始者。

图格鲁克王朝穆罕默德三世 1 天罡金币

公元 1325~1351 年

径 23.3 毫米，重 11.0 克

正面、背面铭文为古兰经经文、国王头衔以及赞词。

穆罕默德三世，本名穆罕默德·本·图格鲁克，吉亚斯丁·图格鲁克的长子。

图格鲁克王朝费鲁兹沙三世 1 天罡金币

公元 1351~1388 年

径 23.3 毫米，重 11.0 克

正面、背面铭文为古兰经经文、国王头衔以及赞词。

费鲁兹沙·图格鲁克，穆罕默德的堂弟。公元 1351 年，继堂兄位。统治时期，厉行改革，取消苛捐杂税，废除酷刑，热心公共事业，和平繁荣。

苏尔王朝钱币（公元 1539~1557 年）

苏尔王朝是一个伊斯兰教王朝，由普什图人在印度次大陆北部建立，定都于德里。创建者舍尔沙（约公元 1486~1545 年），是今阿富汗的苏尔部落人，信仰伊斯兰教逊尼派。公元 1539 年末，在比哈尔自立为王，公元 1540 年建立苏尔王朝，统治着西起今阿富汗喀布尔、东到孟加拉国的广阔地区，并实施了强有力的改革。公元 1557 年，被莫卧尔帝国所灭。该王朝钱币铭文通常采用古兰经经文以及国王头衔。

苏尔王朝舍尔·沙·苏尔 1 卢比银币

公元 1538~1545 年

径 27.8 毫米，重 11.3 克

正面、背面铭文为古兰经经文以及那伽利文国王头衔。

舍尔·沙，苏尔王朝的创建者。

苏尔王朝伊斯拉姆·沙·苏尔 1 卢比银币

公元 1545~1552 年

径 29.2 毫米，重 11.1 克

正面、背面铭文为古兰经经文以及那伽利文国王头衔。

伊斯拉姆·沙，舍尔·沙之子。

巴曼苏丹国钱币（公元 1347~1518 年）

巴曼苏丹国，亦译巴赫曼王朝，印度德干北部的伊斯兰教国家，公元 1347 年由原阿富汗的突厥人贵族后裔哈桑创建。他宣称其祖先系波斯王巴赫曼，故名。公元 1347 年，阿富汗君主阿拉丁·哈桑·巴赫曼沙赫摆脱了德里苏丹的束缚，建都古尔伯加。公元 1425 年移都比达尔。公元 1518 年，巴曼苏丹国的统治瓦解，最后被莫卧尔帝国消灭。该王朝钱币铭文通常采用古兰经经文以及国王头衔。

巴曼苏丹阿拉丁·艾合买德·沙二世 1 天罡金币

公元 1436~1458 年

径 19.5 毫米，重 11.2 克

正面、背面铭文为古兰经经文以及国王头衔。

巴曼苏丹沙姆斯丁·穆罕默德·沙三世 1 天罡金币

公元 1463~1482 年

径 20.3 毫米，重 11.1 克

正面、背面铭文为古兰经经文以及国王头衔。

马尔瓦苏丹钱币（公元 1401~1562 年）

马尔瓦苏丹国位于印度中西部，原是印度中世纪的拉其普特巴拉马拉王朝领域。德拉瓦汗于公元 1401 年宣布独立，建都于曼都；公元 1518 年被古吉拉特苏丹国打败并解体；最终于公元 1562 年被莫卧尔帝国所灭。该王朝钱币铭文通常采用古兰经经文以及国王头衔。

马尔瓦苏丹阿拉丁·马哈茂德·沙一世 1 天罡金币

公元 1436~1469 年

径 23.9 毫米，重 11.0 克

正面、背面铭文为古兰经经文以及国王头衔。

马尔瓦苏丹阿拉丁·马哈茂德·沙一世 1 天罡银币

公元 1436~1469 年

径 24.6 毫米，重 10.3 克

正面、背面铭文为古兰经经文以及国王头衔。

马尔瓦苏丹穆罕默德·沙二世 1 天罡金币

公元 1510~1531 年

径 17.8 毫米，重 11.0 克

正面、背面铭文为古兰经经文以及国王头衔。

古吉拉特苏丹国钱币（公元 1297~1576 年）

公元 1297 年，德里苏丹卡尔吉王朝穆罕默德·沙将古吉拉特收入版图。但德里苏丹日渐衰微时，古吉拉特总督穆扎法尔汗宣布独立，其子麦德沙定都艾哈迈德达巴德。公元 1576 年，莫卧尔王朝阿克巴征服古吉拉特，将其纳为王朝行省。该王朝钱币铭文通常采用古兰经经文以及国王头衔。

古吉拉特苏丹国纳斯尔丁·马哈茂德·沙一世 1 天罢银币

公元 1458~1511 年

径 20.0 毫米，重 7.3 克

正面、背面铭文为古兰经经文以及国王头衔。

古吉拉特苏丹国沙姆斯丁·穆扎法尔·沙二世 1 天罢银币

公元 1511~1525 年

径 19.6 毫米，重 7.2 克

正面、背面铭文为古兰经经文以及国王头衔。

孟加拉苏丹国钱币（公元 1338~1576 年）

孟加拉苏丹国起源于法赫尔丁·穆巴拉克，公元 1338 年从德里苏丹国独立并自封苏丹。在其后 3 个世纪中，来自突厥、孟加拉、阿拉伯等地的统治者先后统治该国。公元 1576 年并入莫卧尔帝国。该王朝钱币铭文通常采用古兰经经文以及国王头衔。

孟加拉苏丹国吉亚德·阿里·本·阿扎姆·沙 1 天罡银币

公元 1389~1410 年

径 30.0 毫米，重 10.6 克

正面、背面铭文为古兰经经文以及国王头衔。

阿扎姆·沙是孟加拉苏丹国比较有名的一位苏丹，他曾派遣使节前往中国。

孟加拉苏丹国阿拉·阿里·丁·侯赛因·沙 1 天罡银币

公元 1493~1519 年

径 25.6 毫米，重 10.5 克

正面、背面铭文为古兰经经文以及国王头衔。

孟加拉苏丹国吉亚斯丁·马哈穆德 1 天罡银币

公元 1532~1538 年，法斯阿巴德打制

径 23.6 毫米，重 10.7 克

正面、背面铭文为古兰经经文以及国王头衔。

江布尔苏丹钱币（公元 1359~1479 年）

江布尔，原名绍纳福尔，公元 1359 年由苏丹菲鲁兹沙·图格鲁为纪念前任苏丹而建立的王国。帖木儿入侵德里苏丹时，派驻当地的总督卡瓦加·贾汗宣布独立。后传位于养子穆巴拉克·沙。公元 1408 年城内建立阿塔拉清真寺，以其新建筑风格闻名于世。侯赛因·沙为该王朝最后一位国王。公元 1479 年该王朝被洛迪王朝吞并。该王朝钱币铭文通常采用古兰经经文以及国王头衔。

江布尔苏丹侯赛因·沙 1 天罡金币

公元 1459~1479 年

径 22.2 毫米，重 12.0 克

正面、背面铭文为古兰经经文以及国王头衔。

莫卧尔帝国钱币（公元 1526~1857 年）

莫卧尔帝国是突厥化蒙古人帖木儿的后裔巴布尔在印度建立的封建专制王朝。公元 1510 年，蒙古贵族巴布尔就已经统治着印度北部。公元 1525 年，巴布尔南下进攻印度，次年攻占德里，屡败印度诸侯联军，征服北印度大部分地区，建立莫卧尔帝国。

该帝国钱币铭文通常采用古兰经经文和国王名讳、赞美词等。

莫卧尔帝国胡马雍 1 天罡银币

公元 1530~1556 年，阿格拉打制
径 27.3 毫米，重 4.7 克

正面、背面铭文为古兰经经文，背面另标注有"胡马雍是宗教护卫者"。

胡马雍，巴布尔之子，莫卧尔帝国第二任皇帝。

莫卧尔帝国阿克巴 1 莫霍尔金币

公元 1556~1605 年，拉合尔打制
径 26.6 毫米，重 10.7 克

正面、背面铭文为赞词以及"阿克巴"名讳。

阿克巴，胡马雍的长子，莫卧尔帝国第三任皇帝，在历史上与波斯的阿巴斯大帝、奥斯曼的苏莱曼大帝齐名。

莫卧尔帝国阿克巴 1 莫霍尔金币

公元 1556~1605 年，法斯普尔打制

径 17.2 毫米，重 10.8 克

正面、背面铭文为赞词以及"阿克巴"名讳。

莫卧尔帝国阿克巴 1 卢比银币

公元 1556~1605 年，江布尔打制

径 22.0 毫米，重 11.4 克

正面、背面铭文为赞词以及"阿克巴"名讳。

莫卧尔帝国贾汗吉尔 1 卢比银币

公元 1605~1627 年

径 22.8 毫米，重 13.6 克

正面、背面铭文为赞词以及"贾汗吉尔"名讳。

贾汗吉尔，莫卧尔帝国的第四任皇帝，是莫卧尔帝国最伟大的皇帝之一。

莫卧尔帝国沙贾汗 1 莫霍尔金币

公元 1628~1657 年，朱纳加德打制

径 20.2 毫米，重 11.0 克

正面、背面铭文为赞词、"沙贾汗"名讳以及"四大哈里发"名讳。

沙贾汗，莫卧尔帝国第五任皇帝。"沙贾汗"，波斯语，意为"世界的统治者"。在位期间，修筑了举世闻名的泰姬陵。

莫卧尔帝国沙贾汗 1 卢比银币

公元 1628~1657 年，木尔坦打制

径 22.9 毫米，重 11.4 克

正面、背面铭文为赞词以及"沙贾汗"名讳。

莫卧尔帝国奥朗则布 1 莫霍尔金币

公元 1658~1707 年，德里打制

径 20.8 毫米，重 10.9 克

正面、背面铭文为赞词以及"奥朗则布"名讳。

奥朗则布，沙贾汗第三子，莫卧尔帝国第六任皇帝。其后，莫卧尔走向衰落。

莫卧尔帝国奥朗则布 1 卢比银币

公元 1658～1707 年，阿克巴纳加尔打制
径 19.6 毫米，重 11.4 克

正面、背面铭文为赞词以及"奥朗则布"名讳。

莫卧尔帝国法鲁克西亚尔 1 卢比银币

公元 1713～1719 年，拉合尔打制
径 21.2 毫米，重 11.3 克

正面、背面铭文为赞词以及"法鲁克"名讳。

法鲁克，莫卧尔帝国第九任皇帝，奥朗则布之曾孙。一位傀儡君王。

莫卧尔王朝沙·阿拉姆二世 1 莫霍尔金币

公元 1759～1806 年，斋普尔打制
径 26 毫米，重 10.9 克

正面、背面铭文为赞词以及"阿拉姆"名讳。

沙·阿拉姆二世，莫卧尔帝国的第十五任君王。在位期间，莫卧尔王国被东印度公司控制。

印度奥德邦海达尔国王 1 默哈金币

公元 1797~1834 年，德黑兰地区打制

径 24 毫米，重 10.7 克

正面铭文为波斯文国王名讳以及打制年份，背面为王冠双狮奥德邦徽记。

奥德邦位于印度东北部，公元 1720 年由莫卧尔王朝地方总督穆罕默德·阿明（Muhammad Amin）建立。

印度信德王国海尔布尔的艾米尔 1 卢比银币

公元 1832~1843 年，巴喀尔打制

径 22.7 毫米，重 11.3 克

正背面铭文为杜兰尼王朝君主名讳、造币厂铭和打制时间。

信德位于印度河口，长期保持半独立状态。后被阿克巴并入莫卧尔王朝。莫卧尔衰微后，海德拉巴邦的海尔布尔的艾米尔开始统治信德王国。公元 1843 年英锡战争后，信德仍保持相对独立。公元 1947 年并入巴基斯坦。

印度斋普尔邦马德哈·辛格 1 莫霍尔金币

公元 1880~1922 年，斋普尔打制

径 18.6 毫米，重 10.8 克

正面、背面铭文为赞词以及六叶花标记。

马德哈·辛格，斋普尔邦的拉贾（大君）。在位期间，重视文教医疗，忠于英国王室。

印度印多尔邦西瓦吉·罗 1 卢比银币

公元 1886~1903 年

径 19.5 毫米，重 11.3 克

正面为那伽利文铭文和太阳脸图案，背面铭文为"西瓦吉·罗"名讳及打制年份。

印多尔邦位于印度中部，公元 1728 年由玛拉特联盟荷尔卡家族马尔哈·罗一世立国。公元 1949 年，并入印度。

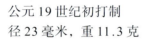

孟加拉管辖区阿拉姆 1 卢比银币

公元 19 世纪初打制

径 23 毫米，重 11.3 克

正面、背面铭文为赞词、"阿拉姆"名讳以及鱼和花形图案。

这种币虽然以莫卧尔的阿拉姆头衔打制，但公元 1806 年阿拉姆逝世后依旧在以他的头衔打制。

锡克王国钱币（公元 1707~1849 年）

锡克王国的建立可以追溯到公元 1707 年。奥朗泽布去世后，莫卧尔帝国衰亡，引发群雄争霸。锡克教军队壮大，在阿富汗—锡克战争中获胜的锡克教徒统治了西北地区。但王国只维持了 50 年，最终于公元 1849 年亡于英国人之手。锡克王国钱币正背面铭文均为统治者名讳、造币厂名和打制时间，还有菩提叶图案。

锡克王国 1 卢比银币

公元 1707~1849 年，阿姆利则打制
径 24.2 毫米，重 11.1 克

正面、背面铭文为统治者名讳、造币厂铭和打制时间以及菩提叶图案。

杜兰尼王朝钱币（公元 1747~1818 年）

杜兰尼王朝也称萨多查依王朝，古代阿富汗伊斯兰教王朝。由坎大哈普什图人阿布达里部族萨多查依氏族的酋长艾哈迈德·沙赫·杜兰尼（公元 1724~1773 年）创建。公元 16~17 世纪时，先后被印度的莫卧尔帝国和波斯的萨法维帝国所瓜分。该王朝钱币正背面铭文采用二言诗和君主的名讳。

杜兰尼王朝阿合麦德·沙·杜兰尼 1 卢比银币

公元 1747~1772 年，拉合尔打制
径 22.8 毫米，重 11.6 克

正面、背面铭文为二言诗和"阿合麦德·沙"名讳。

阿合麦德·沙·杜兰尼，杜兰尼王朝开国君主。在位期间，杜兰尼王朝一度成为公元 18 世纪仅次于奥斯曼帝国的第二大伊斯兰强国。

杜兰尼王朝帖木儿·沙 1 莫霍尔金币

公元 1772~1793 年，赫拉特打制
径 20.0 毫米，重 11.0 克

正面、背面铭文为二言诗和"帖木儿·沙"名讳。帖木儿·沙，杜兰尼王朝第二任君主。

杜兰尼王朝帖木儿·沙 1 卢比银币

公元 1772~1793 年，赫拉特打制
径 21.4 毫米，重 11.5 克

正面、背面铭文为二言诗和"帖木儿·沙"名讳。

杜兰尼王朝马哈茂德·沙 1 卢比银币

公元 1801~1803 年 / 公元 1808~1818 年，喀布尔打制

径 22.0 毫米，重 10.7 克

正面、背面铭文为二言诗和"马哈茂德·沙"名讳。

杜兰尼王朝沙·叔佳 1 莫霍尔金币

公元 1803~1809 年，阿合麦德沙赫打制

径 17.4 毫米，重 10.8 克

正面、背面铭文为二言诗和"沙·叔佳"名讳。

沙·叔佳，帖木儿·沙的儿子，杜兰尼王朝第五任君主。

杜兰尼王朝沙·叔佳 1 卢比银币

公元 1803~1809 年，阿合麦德沙赫打制

径 20.4 毫米，重 11.5 克

正面、背面铭文为二言诗和"沙·叔佳"名讳。

巴拉克宰王朝钱币（公元 1818~1973 年）

巴拉克宰王朝，由多斯特·穆罕默德·汗于公元 1818 年延续杜兰尼王朝而建立，统治今阿富汗全境和巴基斯坦部分地区。公元 1973 年穆罕默德·查希尔·沙阿遭到罢黜而亡国。该王朝钱币正背面铭文采用二言诗和君主的名号。

巴拉克宰王朝多斯特·穆罕默德汗 1 卢比银币

公元 1826~1839 年，喀布尔打制
径 22.7 毫米，重 9.8 克

正面、背面铭文为二言诗和多斯特·穆罕默德汗头衔（无名讳）。

多斯特·穆罕默德汗，巴拉克宰王朝创始人，第一次英阿战争期间阿富汗杰出的统治者。

巴拉克宰王朝沙·叔佳 1 卢比银币

公元 1839~1842 年，喀布尔打制
径 20.8 毫米，重 9.3 克

正面、背面铭文为二言诗和"沙·叔佳"名讳。

巴拉克宰王朝穆罕默德·阿夫扎里 1 卢比银币

公元 1866~1867 年，喀布尔打制

径 22.5 毫米，重 9.2 克

正面、背面铭文为二言诗和"穆罕默德·阿夫扎里"名讳。

穆罕默德·阿夫扎里，阿富汗的埃米尔。

巴拉克宰王朝谢尔·阿里 1 卢比银币

公元 1868~1879 年，喀布尔打制

径 21.5 毫米，重 9.3 克

正面、背面铭文为二言诗和"谢尔·阿里"名讳。

谢尔·阿里，王朝创始人多斯特·穆罕默德的儿子。公元 1863~1866 年和公元 1868~1879 年两度成为阿富汗的埃米尔。

布哈拉汗国钱币（公元 1785~1920 年）

布哈拉汗国曼吉特王朝，领土在今天河中地区。公元 1785 年诺盖人曼吉特部开始统治，该部落在阿斯特拉罕王朝后期开始掌握实权。公元 1868 年，俄罗斯帝国入侵河中，公元 1873 年成为俄罗斯庇护国。公元 1920 年，成立布哈拉人民苏维埃共和国。该王国钱币的正背面铭文为赞美词和统治者名讳。

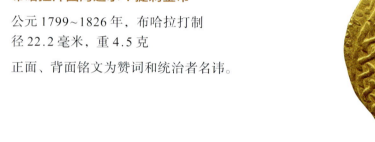

布哈拉汗国海达尔 1 提剌金币

公元 1799~1826 年，布哈拉打制

径 22.2 毫米，重 4.5 克

正面、背面铭文为赞词和统治者名讳。

布哈拉汗国纳斯尔·阿拉 1 提剌金币

公元 1826~1860 年，布哈拉打制

径 22.2 毫米，重 4.5 克

正面、背面铭文为赞词和统治者名讳。

浩罕汗国钱币（公元 1865～1876 年）

浩罕汗国，中亚封建国家，版图包括今哈萨克南部、乌兹别克东部及塔吉克与吉尔吉斯部分领土。公元 16～17 世纪时，属布哈拉汗国，后逐渐脱离其控制。公元 1760 年曾归附中国清政府，后又多次侵犯中国喀什噶尔地区。公元 1865 年，浩罕汗国司令阿古柏侵入中国南疆地区并自己称汗。公元 1876 年左宗棠进军新疆，粉碎阿古柏反动政权。同年，俄罗斯军队攻下浩罕城，末代可汗出降，浩罕汗国灭亡。该国钱币的正背面铭文都采用赞美词和统治者名讳。

浩罕汗国马拉汗 1 提拉金币

公元 1858～1862 年，浩罕打制
径 22.6 毫米，重 4.4 克

正面、背面铭文为赞词和统治者名讳。

浩罕汗国胡达雅尔汗 1 提拉金币

公元 1862～1863 年，浩罕打制
径 22.5 毫米，重 4.5 克

正面、背面铭文为赞词和统治者名讳。

研究 篇

希腊殖民时代的西西里岛钱币史

刘志华

　　由于本土山多地少等地理原因和通过海上开拓贸易通商的需要，公元前 770~前 550 年，希腊掀起了大规模向外殖民运动，并把希腊文化传播到地中海沿岸，影响遍及小亚细亚、里海沿岸、北非、意大利南部、西西里岛、塞浦路斯等地。

　　西西里岛位于意大利南部地中海中央，地理位置优越，是欧、亚、非三大洲的海上交通枢纽，以地中海文明为基础接受四面八方的不同文化类型，并存融合，文化艺术表现丰富多彩。公元前 8 世纪后半期到公元前 3 世纪末，为多利亚人（Dorians）和哈尔基斯人（Chalcis）殖民活动的希腊殖民时代，西西里岛沿岸城市迅速发展，被列入大希腊文化圈。这些城市所发行的希腊钱币，风格独特，被公认为是希腊钱币中极具艺术性的精品，体现了西西里岛对希腊文化的辉煌贡献。

　　西西里岛最早的希腊殖民城市，是纳克索斯移民于公元前 734 年建造的纳克索斯（Naxos，公元前 403 年被毁，重建后更名为陶罗曼尼翁 Tauromenion）、赞克勒（Zancle，今墨西拿 Messina）以及约公元前 649 年由赞克勒移民所建造的希墨腊（Himera）。这些城市均为哈尔基斯人所建，自然就形成了一个统一的经济圈。公元前 6 世纪后半叶开始发行货币，即所谓的哈尔基斯钱币。最初的币制采用了德拉克马（Drachma）的重量单位。据推论，最早的钱币诞生于纳克索斯，该城市以出产酒类而著名，所以用酒神狄奥尼索斯（Dionysos）作为钱币主题。但这种"酒神头像 + 葡萄房"纹饰的钱币存世量较少。公元前 490 年，纳克索斯被杰拉（Gela）的僭主希波克拉底（Hippocratus）征服；公元前 476 年，被强行移民到伦蒂尼，直至公元前 461 年才回归故乡，为了纪念返乡而发行了精美的 4 德拉克马钱币，钱币一面为酒神狄奥尼索斯头像，一面是手持酒具、交脚蹲坐的西勒诺斯（Silenus，图 1）。纳克索斯的制币厂于公元前 5 世纪中期停止生产。

图 1　纳克索斯 4 德拉克马银币
约公元前 460 年。正面为以常春藤束发挽成发髻的狄奥尼索斯面右头像；背面为西勒诺斯蹲坐像，手持长柄酒具。钱铭"NAXON"。

　　赞克勒市在钱币产量上远超纳克索斯，钱币图案是海豚腾跃的赞克勒港简图和中央正方形内阴刻的贝壳图案构成。在公元前 6 世纪末很短的时期内，还曾采用过在钱币正反面各用阴刻、阳刻来表现同一图案的技法，这其中也有来自海峡对岸的维持到公元前 5 世纪中期的盟友——雷焦（Rhegiun）的影响。

　　与此同时，希墨腊的制币业出类拔萃，早期钱币用 8 个三角形规则划分的阴刻正方形和公鸡图案，后来废止了阴刻，中央图案变换为母鸡。公元前 483 年，阿克拉伽斯（Acragas，今阿格里琴托 Agrigento）的僭主塞隆（Theron）进攻希墨腊，击败僭主特里洛斯（Terillus），征服了这座城市。制币厂则改为生产有螃蟹图案的 10 德拉克马（Dekadrachma）钱币和其他类钱币，钱币重量单位也被埃维亚·阿提卡（Euboea Attica）标准替代。

　　公元前 6 世纪最后 20 年间，多利亚人的殖民城市开始发行钱币。最早制币的是塞利诺斯（Selinus），该城以当地盛产野芹菜，希腊语音为塞利农而得名。10 德拉克马钱币便是芹菜叶和阴刻正方形图案（图 2）。但到公元前 480 年遭到迦太基（Carthaga）军队攻掠，制币被迫中

图 2　塞利诺斯 2 德拉克马银币
公元前 515~前 470 年。

止。公元前 6 世纪末期，阿克拉伽斯也开始制造钱币，发行了大量压印鹭鸟和螃蟹的 10 德拉克马钱币。公元前 480 年也曾一度中断制币，直至公元前 472 年僭主塞隆死后再次开始生产，发行受叙拉古（Syracusa，今锡拉库萨）影响的 4 德拉克马（Tetradrachma）钱币。

　　与既是产地又是经济圈的哈尔基斯人殖民城市相比，多利亚人殖民城市中只有叙拉古是唯一的例外。出身于巴奇亚戴家族的阿奇亚斯在德尔斐得到神谕，要在涌出淡水的地方建立殖民地，于是他建立了叙拉古。叙拉古，公元前 6 世纪最后十年才开始铸造钱币，最初采用过埃维亚·阿提卡重量单位的 2 德拉克马（Didrachma）钱币，还曾采用过更大的重量单位。深受雅典（Athens）影响，发行一系列 4 德拉克马公价银币等高质量精美钱币，成为此后长达 150 年叙拉古所发行钱币的原形。早期钱币采用行进中的战车和正方形阴刻图案（图 3）。此后，钱币一面仍是战车，而另一面正方形中央头像渐渐扩大，最终头像占据了全部币面。钱币一面印有四马双轮战车（quadriga），胜利女神尼开（Nike）展翅飞翔在马车上方，手举月桂花环为驭手加冠，这是贵族们对竞技比赛崇拜的象征。他们积极参加奥林匹亚（Olympia）和德尔斐（Delphoi）运动会的马车比赛，把取得优胜当作无上的荣誉；另一面是四只海豚环绕着的泉水仙女阿瑞图萨（Arethusa）头像（图 4）。据希腊神话传说，她原本是伯罗奔尼撒（Peloponnese）山林水泽中的一位美丽仙女，也是阿波罗的姐妹月神和狩猎神阿尔忒弥斯（Artemis）的随从。为了躲避河神阿尔斐俄斯（Alpheus）的追求，阿尔忒弥斯将她变为一股清泉，潺潺流入地下，渡海而来，出现在叙拉古中央的奥蒂吉亚岛（Ortygia，现为陆地）的泉水中，被奉为淡水水源保护神。头部周围跳跃着的海豚，是喷涌的泉水和汹涌的海水的象征。这个神话故事成为当时诸多钱币设计师喜爱的主题。四马双轮战车和阿瑞图萨头像这一主题，在公元前 5 世纪被重复使用，并产生出适应各时代的种种变异，式样繁多，成为叙拉古钱币的代表性主题。此种图案作为其后 4 德拉克马钱币的典范，也被西西里大多数制币厂所接受继承。例如

图 3　叙拉古 2 德拉克马银币
约公元前 510~前 485 年。

图 4.1　叙拉古 4 德拉克马银币
公元前 485~前 479 年。正面为女性面右头像，眼睛呈正面状，袋状发束，戴花冠、耳坠、项链；周围环绕四头海豚。背面为右向行进的四马双轮战车，驭手左手执缰，右手持棍，身躯前探；马车上方飞翔的尼开手举桂冠。钱铭"ΣΛΡΑΚΟΣΙΟΝ"。

图 4.2　叙拉古 4 德拉克马银币
公元前 475 年。

公元前 5 世纪后半叶墨西拿和杰拉制造的 4 德拉克马钱币。公元前 5 世纪后半叶的西西里钱币中，叙拉古钱币以其洗练的造型、艺术性的表现达到了前所未有的高水平，甚至在数量上也成为压倒性多数。公元前 480 年，迦太基在希墨腊战斗中被叙拉古打败，他们不仅要支付 2000 塔伦特（Talent，约 25.8 公斤）白银的巨额战争赔款，还要向为答谢居中调停的僭主革隆（Gelon）的妻子达玛莱特（Damarete）而额外赠送她 100 塔伦特的黄金冠。据称她用这笔黄金制造了用达玛莱特名字命名的 10 德拉克马（或 50 西西里 Litrae）纪念金币，被称为 Damareteion，一面是海豚环绕的阿瑞图萨头像，一面是四马双轮战车和狮子。但这种精美的胜利纪念币存世很少，极为罕见。由于战胜了劲敌腓尼基迦太基，叙拉古跃升为西西里岛上最强大的城邦，势力遍及全岛，继而导致岛上的货币经济被叙拉古的钱币单位——阿提卡本位的 4 德拉克马所统一。

图 5　杰拉 2 德拉克马银币
公元前 485 年。

公元前 490 年左右，杰拉发行了手持长矛、头戴独特头盔的杰拉骑兵和人面公牛头的杰拉河神像的 10 德拉克马钱币（图 5）。但不久由于叙拉古的僭主革隆命其弟希伦（Hieron）坐镇杰拉，钱币重量标准也变为 4 德拉克马，骑兵像则改为叙拉古类型的四马双轮战车（图 6）。

图 6.1　杰拉 4 德拉克麦银币

在卡马里纳（Camarina），印有科林斯（Corinths）式头盔和两个护胫甲之间的棕榈树的 10 德拉克马钱币仅发行了极短的时间，就因被革隆强行移民到叙拉古而中断。在经过 25 年没有任何造币的时期后，公元前 460 年再次开始铸币后，发行了大量低劣成色的德拉克马币，被称为"里特（Litra，银币重量为 0.87 克，相当于 1 德拉克马的五分之一）"。钱币图案为飞翔的胜利女神尼开和城市主神雅典娜（Athena）立像。到了公元前 5 世纪的最后 25 年之后，卡马里纳才制造了叙拉古类型的四马双轮战车 4 德拉克马钱币。

图 6.2　杰拉 4 德拉克麦银币
公元前 465～前 450 年。正面为右向的牛头人面的杰拉河神像；背面为右向行进的驷马战车，驭者左手持棍，右手执缰，线下有麦穗。钱铭"CEΛAΣ"。

伦蒂尼（Lentini）由于叙拉古移民占多数的缘故，钱币上就彰显了这种密切关系。叙拉古类型的四马双轮战车和四粒大麦环绕狮子头（城名传说的象征）的 4 德拉克马钱币。有一段短暂时间，无论式样还是图案都类似叙拉古的达玛莱特钱币，即以女性头像和太阳神阿波罗（Apoollo）头像替代四马双轮战车。这之后，伦蒂尼的钱币定型为阿波罗头像和狮子头的纹饰（图 7）。直到公元前 422 年，伦蒂尼被纳入叙拉古控制后，才停止独立制币。

图 7　伦蒂尼 4 德拉克麦银币
公元前 450 年左右。正面为戴月桂冠的阿波罗面右头像；背面为张口伸舌的狮子头，周围四颗麦粒。钱铭"LEONTNON"。

卡塔尼亚（Catania）这个由哈尔基斯人建造的城市此前未曾制造过钱币。公元前 476 年，希伦一世摧毁了卡塔尼亚，将居民迁往伦蒂尼，而把曾被强行移民到伦蒂尼的叙拉古人和来自伯罗奔尼撒的新殖民安置到卡塔尼亚的领土上，建立了一个名为埃特那（Aetna）的新城邦。这个城市发行过两种具有极高艺术价值的4德拉克马钱币，一种是举着月桂花冠飞翔在驾驭四马战车的雅典娜上方的尼开和宝座上的天神宙斯（Zeus），另一种是西勒诺斯（Seilenos）头像和宝座上的宙斯。埃特那市在叙拉古的僭主政体崩溃后，发行了阿麦拿诺斯河河神的人面公牛头像和展翅的尼开的4德拉克马钱币。但直到公元前5世纪中叶后卡塔尼亚才完成了钱币定型，即以叙拉古类型的四马双轮战车和阿波罗头像为特色的4德拉克马钱币，一直持续到公元前5世纪末。

赞克勒的钱币变化一波三折。公元前493年，希腊的爱奥尼亚（Ionia）诸城市叛乱时逃亡祖国的萨摩斯人（Samos）中的一部分渡海占据了赞克勒，他们发行了阿提卡标准的4德拉克马钱币，狮子尸体和萨摩斯船船头的钱币图案带有爱奥尼亚风格。但由于他们偏向叙拉古和杰拉，被意欲称霸海峡的雷焦市的僭主阿那克西拉斯（Anaxilas）从赞克勒驱逐，代之以他的部下——来自伯罗奔尼撒南部的美塞尼亚人（Messania）作为殖民者；地名则改为墨西拿（Messana），钱币图案也因此而转变为狮子头和牛头的雷焦类型。公元前480年后，刻印两头骡子拉的双轮战车和野兔图案的墨西拿特色的钱币才被定型（图8），一直持续到公元前396年被迦太基攻陷。

图8.1 墨西拿4德拉克麦银币

图8.2 墨西拿4德拉克麦银币
公元前476年左右。正面为右向奔跑的兔子；背面为右向行进的骡车，驭者双手执缰，尼开飞翔在车上方，前举桂冠。钱铭"ΜΕΣΣΑ Ν ΙΟΝ"。

公元前470~前460年，还有一些城市也发行了各具特色的4德拉克马钱币。希墨腊钱币上是四马双轮战车和举行献祭的仙女（图9）；塞利诺斯的是四马双轮战车和举行献祭的河神；阿克拉伽斯钱币上开始是鹫鸟和螃蟹，一只或两只鹫鸟，还有贪婪的野兔，后来代以四马双轮战车（图10），这三类钱币上有着设计师米隆、波留克拉底的署名。阿克拉伽斯还发行了一套著名的10德拉克马钱币。

由于受希腊殖民城市铸币的启发，以塞杰斯塔（Segesta）、艾利切为中心的艾利米人（Elimi）的城市也发行了10德拉克马和4德拉克马钱币，以莫提亚（Motya）、柏诺姆斯（Panormus）为中心的腓尼基人（Phoenicia）的城市也发行了钱币。尤其是艾利米人城市的4德拉克马钱币，即便是从审美角度来看也极为出色。

图9 希墨腊4德拉克马银币
公元前464年。正面为四马战车，背面为举行献祭的仙女。

公元前5世纪最后25年里，西西里希腊银币表现出高超的技法、富有独创性的构图和三维雕塑的可能性。虽然发行城市各异，但仍可见到式样上的相似，设计师并不受制于某一城市的约束而可以巡回交流。创造这些优秀作品的设计师们有着各自引以为荣的钱币，并留下他们的署名。其中有索西翁、欧迈那斯、欧库莱伊陀斯、欧埃那陀斯（Euainetos，姓名首字"Er"印在阿瑞图萨

图10 阿克拉伽斯4德拉克马银币
公元前410年。

颈后）、基蒙（Kimon，姓名首字"KI"印在束发带中）、赫库萨凯斯狄达斯、腓力基罗斯等伟大的艺术家。由于他们的创意，设计越来越有生气，艺术表现更丰富。此前笨重且少有变化的马被描绘成破风疾驰，御手因鞭打快马而尽力前屈，同时为了观察对手面脸向后转的生动形象（图11）；仙女阿瑞图萨、女神雅典娜和丰收女神珀耳塞福涅（Persephone）的头像，也增添了丰富的装饰和线条的微妙变化，具有无与伦比的表现力。如叙拉古著名艺术家欧埃那陀斯设计的4德拉克马银币，被认为是希腊钱币中最精美的：正面清晰地压印有阿瑞图萨头像，周围环绕着数只游动的海豚；背面是四马双轮战车，下有一道直线，线下放有车上武士的盔甲。公元前413年，叙拉古在击败雅典远征军，其后数年，为纪念这一胜利，叙拉古发行了若干大型10德拉克马的纪念币，效仿那些往日纪念希墨腊战役胜利的Damareteion银币，在庆功运动会上给予优胜者，作为一种奖赏（图12）。

从公元前5世纪后半叶开始，为适应复杂的城市经济的要求，也同时制造了日常交易使用的青铜辅币，银币中的传统设计在青铜币上发展出了新主题。如从公元前420年左右开始，在叙拉古著名僭主狄奥尼修斯一世（Dionysios I，公元前405～前367年）时完成普及的钱币设计即是一例：青铜币的正面均为戴着科林斯式头盔的雅典娜头像，高面值的钱币背面刻着两只海豚和海星，低面值的刻印海马。但最终青铜币还是被份量轻的小银币所取代，对整个希腊世界而言，使用银币的习惯才适用于西西里特有的银本位思维方式。

公元前5世纪末，西西里的希腊钱币经过很长的时间后定型下来。各个城市的特别是叙拉古的僭主政体，极大地有助于这个发展。如将希腊本土以及在小亚细亚（Asia）发行的钱币与此加以比较，西西里的那些精美钱币更为优秀。虽然西西里的钱币在其境外发现的并不很多，但也有部分被用作祭祀德尔斐神庙或发放给外国雇佣兵的军饷而带出西西里。

发生在西西里的一系列重大事件在钱币上也留下了影响。公元前427年和公元前415年雅典两次远征西西里，带来了雅典的4德拉克马钱币；公元前409年，迦太基军队的入侵中断了除叙拉古以外的所有制币厂的生产活动，而在迦太基军队登陆之前，阿克拉伽斯、杰拉、

图 11.1　叙拉古 4 德拉克马银币约公元前 415～前 405 年。

图 11.2　叙拉古 4 德拉克马银币公元前 410 年。

图 11.3　叙拉古 4 德拉克马银币公元前 405 年。

图 12.1　叙拉古 10 德拉克马银币公元前 405～前 400 年左右。正面为左向飞奔的驷马战车；驭者右手持鞭，左手持缰；胜利女神尼开飞越上空，正为驭手加冕；脚线下，长矛横穿盔甲、盾牌、胫甲、胸甲及阿提卡式头盔。背面为仙女阿瑞图萨面左头像；佩有项珠及耳环；4只海豚四周环游。

图 12.2　叙拉古 10 德拉克马银币公元前 404 年。

"王"（Basileus）的称号。

　　公元前289年阿加索克利斯死后，数年间叙拉古陷入无政府状态，持续内战，原先依赖于叙拉古的西西里及意大利各城邦，因为有迦太基作后盾而宣告独立。被叙拉古解雇的马麦丁（Mamertini）雇佣军攻占了赞克勒，易名为马麦提拿（Mamertina），并劫掠周围地区。叙拉古处于迦太基军队和马麦丁军团两方面的威胁之中。僭主希克塔斯（Hicketes）在统治一开始就发行了图案为珀耳塞福涅头像和二马双轮战车的德拉克马金币。公元前280年左右，为纪念在全西西里岛范围内到处掳掠的马麦丁匪帮的战斗而发行的铜币，一面是披着狮皮的赫拉克勒斯头像，一面是手持矛和盾牌的战神雅典娜（图19）。公元前279年，阿加索克利斯的女婿，希腊城邦伊庇鲁斯（Epirus）国王皮洛士（Pyrrhus）远征西西里，征服了大部分地区，

图 18.1　叙拉古铜币
公元前317~前310年。正面为戴麦穗冠的科瑞面左头像，佩项圈，颈后为芥子种；背面为向左弯头牦角的公牛，上面是海豚和铭文NK，下面海豚。钱铭"ΣΥΡΑΚΟΣΙΩΝ"。

图 19.1　叙拉古铜币
公元前278~前276年。正面为披着狮头的赫拉克勒斯面左头像，颈后象征符号；背面为战神雅典娜的右侧立像，左手持盾，右手电光，身前猫头鹰。钱铭"ΣΥΡΑΚΟΣΙΩΝ"。

图 18.2　叙拉古铜币
公元前317~前310年。正面为戴麦穗冠的科瑞面左头像，颈后为燃烧的松明；背面为向左弯头牦角的公牛，上方海豚和铭文AP，下面海豚。

图 19.2　叙拉古铜币
公元前278~前276年。正面为披着狮头的赫拉克勒斯面左头像；背面为战神雅典娜的右侧立像，左手持盾，右手电光。钱铭"ΣΥΡΑ[ΚΟΣΙΩΝ]"

　　在其执政叙位古期间（公元前278~前276年），制造发行了遵循传统的高质量金币、银币和青铜币（图20）。公元前276年，叙拉古的司令官希伦率兵打败了前来进犯的马麦丁匪帮，但由于迦太基派兵干涉而未能扩大战果，直至公元前275年才被叙拉古人民拥立为国王，称希伦二世。他掌握政权长达60年，表现出优秀的政治、外交才能，一方面扩大叙拉古的势力，整顿政治、经济结构，另一方面保证给罗马的小麦定期供应，以维持友好关系，开创了政治上安定、经济上繁荣的时代。由于与罗马的特殊关系，希伦二世时已将西西里和罗马的钱币单位很好地融通对应。他发行了大批重量不十分明确的钱币，图案也已几乎没有设计是上的独

图20.1　皮洛士（Pyrrhus）银币

图20.2　皮洛士（Pyrrhus）银币
公元前278~前276年。

创性，例如传统的四马双轮战车钱币，完全失去了公元前5世纪的那种跃动感。他发行的一种类似埃及（Egypt）托勒密（Ptolemios）王朝阿尔西诺伊（Arsinoe）女王肖像的钱币，正面是铭刻王后号的妻子菲丽斯蒂丝的头像，头上缠着发带，披着头巾，一幅端庄娴淑的女性形象（图21）。还有用铭刻王号的希伦二世和骑兵作为图案的钱币和以他们的孩子肖像作为图案的钱币（图22）。还发行了大力神赫拉克勒斯头像和骑兵的铜币。

公元前215年，希伦二世逝世，继承王位的是他的外甥希诺纽毛斯（Hieronymos），但此人在钱币上毫无成就，奢华银币时代就此结束。希诺纽毛斯的统治短暂且软弱无力，背弃了与罗马的同盟而转投向迦太基。叙拉古公元前212年被罗马攻占，失去了独立统治，变成罗马帝国新领地。这也标志了希腊文化时代的终结。之后，罗马钱币也进入到西西里成为流通货币，但刚开始时，希伦二世后期的钱币仍广泛流通，不久罗马金币逐渐占据优势并最终完全独占，为了表示与西西里的深厚关系，罗马在西西里建立的新造币厂仅制造青铜币。

图21　叙拉古4德拉克马银币
公元前275~前216年。正面为戴花冠披头巾的菲丽斯蒂丝的面左头像，颈后有松明；背面为尼开驾驭着四马战车向右行进，马前足下铭有"Ξ"。钱铭"ΒΑΣΙΛΙΣΣΑΣ ΦΙΛΙΣΤΙΔ[ΟΣ]"。

图22.2　叙拉古铜币
公元前275~前216年。正面为戴月桂冠的希伦面左头像，颈后珀伽索斯；缘饰联珠纹。背面为骑兵头戴盔，身披短斗篷，手持长矛。钱铭"ΙΕΡΩΝΟΣ"。

图22.1　叙拉古铜币
公元前275~前216年。

图22.3　叙拉古铜币
公元前275~前216年。正面为戴月桂冠的希伦面左头像，颈后象征符号；背面为骑兵头戴盔，身披短斗篷，手持长矛，马前足下铭文"Α"。钱铭"[ΙΕ]ΡΩΝΟΣ"。

古希腊和古罗马钱币制作工艺与特征

周延龄

　　欧亚历史上的四大钱币体系，都有各自的文化特色。但在钱币制作工艺上，除了以中国为主的东方古钱币体系在铸造上以范铸和翻砂法为主外，剩下的地中海、南亚次大陆与阿拉伯三个文化体系的古钱币，在制作上均以打压法为主。

　　打压制钱法，其程序是熔化金属材料，浇铸成重量大小基本一致的圆形的坯饼，工匠在工作台上用雕刻有钱币图案文字的两个模具槽内放入钱坯，然后用锤子敲打，模具上的图案文字被压印在钱坯上，再经剪边称重校正后就完成了钱币的制作（图1、2）。

图1

图2

　　模具是打压钱币最重要的器具，模具所用的材料是青铜和铁。图案和文字采用手工雕刻，设计好钱币图稿后，雕刻师在模具上进行图案币文的雕刻，雕刻完成后，需翻制成阳纹模，阳模修整后，要进行模具淬火，然后再翻制工作模具，工作模具是直接打制钱币用的。可是，一个工作模具只能打制一万个钱币左右，币文图案会随着打制钱币增加变得模糊不清，这时，就需要换一个新的模具。阳纹模便可以重复翻制工作模具。这样既可省下手工雕刻费时费工的程序，也可以保证钱币图案文字和大小的一致性。但在打制钱币出现的早期，在模具上雕刻后就直接打制钱币了，没有翻制阳纹模再制作打压模这个程序。打制钱坯可分为冷打和热打，钱坯在放置至模具前是冷或热取决于金属的直径、厚度与硬度，目的是使打制出的钱币图案文字力度正常、清晰无瑕。

　　西方用锤敲打制造钱币的方法，一直延续到17世纪中叶。在16世纪之后，打压钱币在动力上有了新的改进，产生了螺旋压力机，通过拽动摇杆，利用螺旋惯性产生压力来压制钱币。再往后出现了滚轴碾压机，将原来的模具雕刻在两个平行的圆形滚轴上，利用滚轴将条形钱坯碾压成形，再将坯上的钱币从条形坯上切割下来。这个制作过程，从方法学上说不应该称为打压法，而应该是轧锻。轧锻从制作上分成轧制或锻造两步，轧制和锻造从理论上没有本质的区别，都是靠塑性变形加工坯料。但轧制是将坯料加工成板材或类似于板材的东西，在钱币制作上就是将金属轧制成与钱模大小的钱坯。而将钱坯放入钱模压成有图案文字的钱币称为锻造。它是现代机制硬币制造的雏形。19世纪西方工业革命后，用蒸汽动力的钱币压印机出现了。在钱币模具制作上，18世纪中期产生了雕刻机，机器雕刻渐渐取代了人工手雕。机雕钱币设计师不用在模具上雕刻，而是用油泥制作，完成后翻制石膏模版修改，翻制阳纹石膏版，通过机器雕刻模具，经淬火，翻制工作模具再淬火后压制钱币。

　　古希腊的爱奥尼亚地区一种完全没有图案的圆形金币，可能是西方最早使用的原始货币。公元前7世纪中叶，在今土耳其境内出现吕底亚王国的狮币，被认为是世界上最早的钱币，也是西方钱币的鼻祖。吕底亚金币打制钱坯的材料是埃雷克特鲁（Electrum，又称作琥珀金），是一种金基含银二元复合金属，塑性好，易冷加工。约100年后的公元前6世纪中叶，吕底亚国王克罗伊斯（Croesus）公元前560年即位后，针对金币纯度不一的情况，将矿场中开采出的细金粉锻造很薄的旧金片，与氯化钠一起放进耐火锅里，加热至800℃以上，得到纯度超过90%的黄金。通过这项新的工艺技术，分离出纯度更高的黄金和白银来打制金银币。吕底亚硬币呈椭圆形，正面图案为一只凶猛的狮子在对峙一只公牛，背面凹进去的图形是当时用作验证金币纯度的试金戳记。一些人认为狮子象征着太阳，而公牛象征月亮；另一些人则称狮子象征黄金，公牛象征白银。标准吕底亚金币的重量约14克（图3）。金币用于对外贸易中的支付结算，银币则用于日常生活中的小额交易，金币与银币的兑换比值为1∶10。当然，其后的金银币图案也有了变化，出现了公狮、公羊和公鹿的图案（图4、5）。

　　尽管当时的硬币都有一个大小和重量的标准，但由于工序和技术的局限实际是做不到的。就算是同一个雕刻工匠在雕刻模具的时候也不可能保证图案模板的同一性，所以在相同图案的钱币中，我们也可以看到这种变异。如图4与图6的公狮图案，狮子头像乃至细部的鬃毛、鼻子、耳朵都有明显的不同，可见它们不是出于同一个模具的。从图7与图8的公元前323～前319年古希腊亚历山大大帝大力神头像4德拉克马银币上，也可见到相似的差异。铸造工匠在敲打过程中也难免会出现敲歪的情况，古希腊、古罗马钱币上的图案错位或正背不一致的

图3　　　　　　　　　图4　　　　　　　　　图5

图6　　　　　　　图7

图8

现象是常见的。图9银币面背移位的方向与距离相同，是币坯放入钱模中的位置偏移造成的。而图10银币正面与背面的图案没能完全对应，则是钱模的上下位置配合不一致产生的。另外，硬币上的图案变化也可以是钱模上有金属碎屑或模具损坏脱落造成的。但是硬币的流通价值却并不会受到这些因素的影响，民众都对打制的硬币有了基本的价值认可，可以忽略那些细微的重量和制作误差产生的差异。

图9   图10

地中海钱币文化以古希腊、古罗马钱币为代表，钱币纹饰以诸神皇帝等人物、动植物、建筑和用具为主；文字为希腊文、拉丁文，内容多为君主头衔、职务、造币地名和官名、币值和兑换率；币材多为金银，后渐有铜质；采用类似浮雕的技法。古希腊、古罗马和拜占庭这三个西方钱币史上最重要的时期，它们各自拥有鲜明的时代特征与艺术风格。古希腊钱币通过雕刻师高超的雕模功力将小小的一枚钱币制成艺术品，充分展示了古希腊古风、古典、希腊化各个时期的文化与艺术特征。古罗马钱币包括了共和、将帅与帝国时代，以各位帝王头像为我们展示了一部帝国兴衰史。拜占庭钱币则将古希腊古罗马文化与古典东方文化有效交汇，是文艺复兴前后西方钱币文化历史的延续和发展。

古代西方钱币是用雕模打制的，而现代仿制伪品大都是翻砂铸造或机雕模具打制的，在辨伪上是可以区分出两种不同的制作特征，如打制钱币会保留手工雕模的线条锐利感，而翻铸钱币由于金属冷却收缩，细部模糊。打制币是工匠一枚一枚敲打出来的，用力重量与放置币坯都会有误差。一些钱币在图案、字体根部或钱币边缘上，细看有向四周抛射状的纹路；或有叠打的重影（图11）。也不可能产生大小、痕迹一模一样的钱币。机雕模具的图案与手雕的不同，没有金属与金属雕刻的强烈的

图11

手工痕迹。另外，打制钱币没有翻砂法铸造产生的颗粒和沙眼；包浆与锈色等也是辨伪的依据之一。

1994年，奥地利（维亚纳）造币厂800周年发行的1000先令双金属纪念币，其背面银质外环上有非时间顺序12个组图，通过模具打制钱币、螺旋铸币机、硬币冲压机、皮带传动压铸机等图案，使我们领略了硬币制造过程的前进脚步（图12）。西方钱币打制方法和手工雕刻模具技艺，由此而产生材料、工具、机械、设备、工艺流程和动力的革新，钱币机雕工艺的产生，诞生了现代的造币铸造业，使这一古老的技术文明得以传承和发扬光大。

图 12

参考资料：

1.（德）赫尔穆特·施耐德：《古希腊罗马技术史》，张巍译，上海三联书店，2018 年。

2.曾成沪：《币章手工雕刻的传承》，上海财经大学出版社，2019 年。

3.邬烈炎、袁熙旸：《外国艺术设计史》，辽宁美术出版社，2001 年。

4.（英）伊恩·卡拉代斯：《古希腊货币史》，黄希韦译，法律出版社，2017 年。

5.（英）R.A.G.卡森：《罗马帝国货币史（上下）》，田圆译，法律出版社，2017 年。

张骞第一次出使西域时所可能见到的西域钱币

袁炜

　　白金三品是汉武帝在公元前 119 年发行的钱币，分为龙币、马币和龟币三种。司马迁作为汉武帝时期的史官，在《史记》中对白金三品的发行有着明确的记载。东汉以来，随着白金三品实物的失传，关于文献中的白金三品究竟能与哪种出土钱币实物相对应的问题，一直是钱币学界争论的热点。近代以来，随着我国考古学的发展与希腊化中亚钱币研究的深入，不少学者提出了《史记》等文献中的白金三品与陕西、甘肃、江苏等地出土的铅质圆形未释读外文铭文铅饼、方形铅饼和长条形铅条相对应的结论，并认为是张骞第一次出使西域后将中亚钱币的样式带入中原，汉武帝是模仿中亚钱币而铸造的白金三品。[1]

　　但此结论缺乏直接证据，故有不少学者持不同意见。现阶段缺乏直接证据的是：一，如何将文献中的白金三品与出土铅质圆形、方形、长条形实物对应；二，如何将出土铅质圆形、方形、长条形实物与当时中亚钱币相对应。针对第一个问题，钱币学界利用考古学的新发现、新材料正在推进。[2] 而针对第二个问题，有必要整理出张骞第一次出使西域时所可能见到的西域钱币，并理清其中哪些钱币与出土铅质圆形、方形、长条形实物在类型学方面有关联。

一、张骞第一次出使到达的希腊化地区

　　《史记·大宛列传》载张骞第一次出使西域："身所至者大宛、大月氏、大夏、康居，而传闻其旁大国五六，具为天子言之。"[3] 其中"大宛在匈奴西南，在汉正西，去汉可万里……乌孙在大宛东北可二千里……康居在大宛西北可二千里……大月氏在大宛西可二三千里，居妫水北。"[4] 据学者考证，大宛的地理位置在费尔干纳盆地东部和帕米尔高原，康居在费尔干纳盆地西部从撒马尔肯到塔石肯特的地区，大月氏在赫萨尔山脉以南、阿姆河以北的地区。[5]《史记·大宛列传》："大夏在大宛西南二千余里妫水南。"[6]《新唐书·西域传》："大夏即

1　相关论述很多，笔者在此仅举三例。James T. Anderson, "The Bai Jin San Ping Coinage of Han Wudi: Early Influences From the Silk Road"，上海博物馆编：《丝绸之路古国钱币暨丝路文化国际学术研讨会论文集》，上海书画出版社，2011 年，第 466~480 页；曹源：《白金三品补论》，《甘肃金融》2015 年增刊第 2 期，第 27~29 页；朱浒：《论"白金三品"的铸行目的与造型来源》，浙江省博物馆编：《金银货币与社会生活学术研讨会论文集》，中国书店，2017 年，第 23~35 页。

2　如对 2015 年扬州西汉 M16 号墓出土"龙纹铅饼"和龟背纹椭圆形器的研究，惜此墓葬的考古发掘报告还未出版，钱币学界仅能根据新闻报道和学术汇报做相关初步研究，参见姜宝莲、赵强：《扬州汉墓出土"龙纹铅饼"初探》，西安钱币博物馆、西安钱币学会编：《货币与文化（第一辑）》，西安出版社，2017 年，第 5~12 页。

3　《史记》卷一百二十三《大宛列传》，中华书局，1963 年，第 3160 页。

4　《史记》卷一百二十三《大宛列传》，第 3160、3161 页。

5　Harry Falk, "The Five Yabghus of the Yuezhi", *Bulletin of the Asia Institute*, Volume 28, 2014, pp.13-15.

6　《史记》卷一百二十三《大宛列传》，第 3164 页。

吐火罗也。"[1]"大夏"一词的王力上古汉语拟音为 [dāt-ɤɑ],[2]"蒲立本"早期中古汉语拟音为 [daʾ-ɣaih],[3] 学界普遍将其视作吐火罗（Tochari）的对音。[4] 其地理位置在阿姆河以南、兴都库什山以北的区域。以上区域是张骞第一次出使西域，其亲身到达的希腊化中亚地区。由此可见，将《史记·大宛列传》的视角转变为希腊化的视角，即张骞第一次出使西域游历的希腊化中亚地区，包括索格底亚纳和巴克特里亚两个区域。

二、希腊统治时代索格底亚纳地区通行的钱币

据学者截至 2013 年的统计，在索格底亚纳发现的希腊化钱币数量并不算多，其中窖藏大量出土的有两批：一批是 1983 年出土于 Tokhmach-Tepe 的，包含 4 枚署"安条克"名的狄奥多德（Diodotus）钱币，1 枚狄奥多德（Diodotus）钱币，51 枚欧西德莫斯（Euthydemus）钱币，2 枚阿加托克利斯（Agathocles）钱币；另一批是 1906 年出土于 Kitab 的，但流散较早，缺乏具体钱币数量重量的相关记录。另外，还有少量的出土发现，共有 58 枚希腊化钱币，其钱币铸造时代自亚历山大东征至希腊巴克特里亚王国。其中，希腊巴克特里亚王国钱币 15 枚，包括狄奥多德（Diodotus）一世、二世钱币 4 枚，欧西德莫斯（Euthydemus）钱币 3 枚，德米特里（Demetrios）钱币 3 枚，安提马科斯（Antimachos）钱币 1 枚，欧克拉提德（Eucratides）一世钱币 1 枚，欧克拉提德（Eucratides）二世钱币 1 枚，赫利奥克勒斯（Heliocles）钱币 2 枚。使用以上钱币数据，仍需要指出两点：一是欧克拉提德（Eucratides）二世之前的钱币铸造于公元前 145 年之前，可以认为是塞克入侵前希腊化索格底亚纳流行的钱币，但据 Senior 和 Boprarachchi 的年表，赫利奥克勒斯的统治区域是 Paropamisadae，在位时间在公元前 145 年塞克入侵之后至公元前 130 年大月氏入侵之前，[5] 可见，至少在塞克入侵后大月氏入侵前，索格底亚纳地区依旧和兴都库什山以南的印度—希腊统治地区有货币经济交流；二是 Tokhmach-Tepe 窖藏出土钱币与阿富汗 Ai-Khanum 第三次、第四次窖藏出土钱币的种类分布较为接近，Ai-Khanum 窖藏出土钱币的埋藏原因有可能是贸易或战争所埋，那么 Tokhmach-Tepe 窖藏出土钱币的埋藏同样有可能是因贸易或战争所埋。[6]

1　《新唐书》卷二百二十一下《西域传下》，中华书局，1975 年，第 6252、6253 页。

2　郭锡良：《汉语古音手册》，北京大学出版社，1986 年，第 3、9 页。

3　Edwin G. Pulleyblank, *Lexicon of Reconstructed Pronunciation in Early Middle Chinese, Late Middle Chinese, and Early Mandarin*, Vancouver: UBC Press, 1991, pp.69, 334.

4　王炳华：《"吐火罗"译称"大夏"辨析》，《西域研究》2015 年第 1 期，第 109~113 页。

5　R. C. Senior, *Indo-Scythian Coins and History*, Volume IV, London: Classical Numismatic Group, 2006, p. xl. Osmund Bopearachchi, "Overstruck Indo-Greek Coins", *Central Asian and Indian Numismatics*, p. 1174. Osmund Bopearachchi, "New Numismatic Evidence on the Chronology of Late Indo-Greeks and Early Kushans", 上海博物馆编：《丝绸之路古国钱币暨丝路文化国际学术研讨会论文集》，上海书画出版社，2011 年，第 278 页。

6　Aleksandr Naymark, "Seleucid Coinage of Samarqand?" *Journal of the Oriental Numismatic Society*, No.220, pp.1-6.

腊文，故张骞所描述安息国文字极有可能也是希腊文，而非过往西方学者所认为的《史记·大宛列传》中没有张骞关于希腊文化的任何描述。[1]

四、中原出土铅质文物与同时代中亚钱币形制的对比

对于中原出土铅质文物与同时代中亚钱币形制的对比，已有学者做过翔实的考证。笔者将前人的考证结果罗列在此：1.中原出土圆形铅饼（图1），其上的铭文为环绕一圈。纵观公元前128年以前，发行环绕一圈铭文圆形钱币的中亚政权有且仅有印度—希腊政权（图2）；2.中原出土方形铅饼（图3），纵观公元前128年以前，发行方形钱币的中亚政权有印度—希腊政权（图4）。在此，笔者需要补充的是，就塔克西拉等地的考古发现来看，当时印度本土印记银币中也有大量的方形钱币（图5）；而中原出土的长条椭圆形钱币（图6），则与当时印度本土印记银币中的长条形钱币形制相似（图7）。

从钱币目录来看，公元前128年以前，所发行环绕一圈铭文圆形钱币（不包括后铸币）上的印度—希腊君主形象有阿波罗多托斯一世（约公元前180~前160年在位）、安提玛科斯二世（约公元前180~前155年在位）、米兰德一世（约公元前155~前130年在位），共3位；所发行方形钱币上的印度—希腊君主形象有阿加托克利斯（约公元前190~前180年在位）、潘达雷昂（约公元前190~前185年在位）、安提玛科斯一世、阿波罗多托斯一世、安提玛科斯二世、欧克拉提德一世（约公元前170~前145年在位）、米兰德一世，[2] 而发行方形和长条形印记银币的印度本土政权尚待考证。通过此目录可以看到，在距离张骞第一次抵达西域时间最近，且发行与中原出土方形、圆形铅饼形制最接近的是印度—希腊君主即米兰德一世。

在希腊化巴克特里亚和印度历史中，米兰德一世声名显赫。北传佛教文献《那先比丘经》和南传佛教文献《弥兰陀王经》都记载了米兰德与那先比丘进行宗教对话思辨的内容，古希腊地理学者斯特拉波《地理志》引述公元前100年阿波罗多罗斯的观点言："（巴克特里亚希腊君主）征服的部落比亚历山大更多，特别是米南德所征服的部落更多（如果这是真的，他起码渡过海帕尼斯河，向东一直前进到了伊马乌斯山脉），因为有些是他自己征服的，有些是巴克特里亚国王欧西德莫斯之子德米特里征服的。他们不仅占领了帕塔雷纳，还有沿岸的其他地区，其中包括所谓的萨劳斯图斯和西格尔迪斯王国。总而言之，阿波罗多罗斯认为巴克特里亚是整个阿里亚纳地区的亮点。而且，巴克特里亚历代国王还把自己的帝国扩张到了赛里斯人和弗里尼人的地区。"[3] 而在出土文献方面，1979年，在距印度中部马图拉东南350公里，位于恒河流域的贾木纳河右岸的 Reh 处发现的巴利文碑铭言，Maharajasa Rajarajasa/Mahamtasa Tratarasa Dhammi/kasa Jayamtasaca Apra/ [jitasa] Minada[de?] rasa（大王王中之王伟大的救世主公正的征服者无敌的米兰德）。[4] 由传世文献和出土碑铭可见，米兰德一世大大扩展了希腊人在

1　W. W. Tarn, *The Greeks in Bactria & India*, Cambridge: Cambridge University Press, 1951, pp.282-283.

2　Osmund Bopearachchi and Wilfried Pieper, *Ancient Indian Coins*, Turnhout: Brepols, 1998, pp.232-240.（意）朱莉阿诺：《西北印度地区希腊至前贵霜时代的钱币》，（意）卡列宁、菲利真齐、奥里威利：《犍陀罗艺术探源》，上海古籍出版社，2015年，第60~66页。

3　（古希腊）斯特拉博：《地理学》第十一卷，李铁匠译，上海三联书店，2014年，第768页。

4　R. C. Senior, *Indo-Scythian Coins and History, Volume IV*, London: Classical Numismatic Group, 2006, p. xiv.

图 1　中原出土圆形铅饼　　　　　　　　图 2　米兰德圆形钱币

图 3　中原出土方形铅饼

图 4　米兰德方形钱币

图 5　印度本土方形印记银币

图 7　印度本土长条
形印记银币

图 6　中原出土长条椭圆形钱币

图 1、图 3、图 5、图 6 由甘肃省钱币博物馆提供；图 2、图 4、图 7 引自 Osmund Bopearachchi and Wilfried Pieper, Ancient Indian Coins, Turnhout: Brepols, 1998.

印度的统治范围，至少深入到恒河右岸地区，并可能和"赛里斯人"有所联系。米兰德死后，据出土钱币来看，印度—希腊分裂为若干小国。[1]

而从地理角度来看，恒河右岸地区再向东北至今阿萨姆，有学者将《后汉书》所言的磐起国（磐越国）认定在阿萨姆一带，[2]《魏略·西戎传》载："磐越国一名汉越王，在天竺东南数千里，与益部相近，其人小与中国人等，蜀人贾似至焉。"[3] 阿萨姆向东至哀牢国，哀牢国向东则到了昆明，昆明以东，则至滇，滇向北，则至蜀。张骞向汉武帝言："大夏去汉万二千里，居汉西南。今身毒国又居大夏东南数千里，有蜀物，此其去蜀不远矣。"[4] 这至少说明，米兰德一世对印度进行征服，其最大统治地域自恒河右岸一直到西北印度，而巴蜀的商品通过米兰德一世所统一的北印度，抵达了巴克特里亚地区。

综上所述，张骞在第一次抵达西域时，所见到的是一个刚被游牧民族占领的希腊化中亚，并通行着希腊人打制的钱币。张骞所听闻的印度，是希腊君主统治下的印度，巴蜀的商品能够通过印度抵达中亚。汉武帝时流行于中原的铅饼类文物，与米兰德统治下的圆形印度—希腊钱币、方形印度—希腊钱币、方形印度本土印记银币、长条形印度本土印记银币极有可能有所关联。

1　（意）朱莉阿诺：《西北印度地区希腊至前贵霜时代的钱币》，载（意）卡列宁、菲利真齐、奥里威利编著：《犍陀罗艺术探源》，上海古籍出版社，2015 年，第 66 页。

2　罗二虎：《汉晋时期的中国"西南丝绸之路"》，《四川大学学报（哲学社会科学版）》2000 年第 1 期，第 89、90 页。

3　《三国志》卷三十裴松之注引《魏略·西戎传》，中华书局，1959 年，第 860 页。《史通》言："魏时京兆鱼豢私撰《魏略》，事止于明帝。"考虑到三国战乱，曹魏京兆人士难以知晓巴蜀时事，故《魏略·西戎传》对巴蜀附近地区描述的记载当源自东汉时期。[唐] 刘知几撰，[清] 浦起龙释：《史通通释》，上海古籍出版社，1978 年，第 347 页。

4　《史记》卷一百二十三《大宛列传》，第 3166 页。

小议古罗马钱币上的罗马军团

王伟力

　　作为古代欧洲战斗力最强的军事组织，罗马军团本身经历了数百年的发展和进化。从最初由公民自备武器装备与征战开支，接受共和国执政官指挥的临时平民武装发展成完全职业化的常备军：由职业将领指挥，士兵则领取装备与工资。而在军团转型过程中，盖乌斯·马略的军团改革至关重要。他用募兵制代替征兵制，职业军人代替了义务兵；延长了服役期限，明确了军饷待遇；同时，也改变军队战术，完善了以联队为基本单位的军团模式。还为每一个罗马军团配发鹰旗。此后，鹰旗成为每一支罗马军团的灵魂。改革使军队战斗力大大提高，增强了军队对将领的依赖性，将领的独立性和政治地位也得到很大的提高。由于军队的补给是由将军负责，不再由元老院承担，这就使得军队发展成为将领的私人军队，而不是忠于祖国、忠于荣耀的公民兵，将领们可以利用手中的军队实现自己的政治诉求。值得注意的是，在这段特殊的历史时期，军团鹰旗和大队旗以及军团编号徽章反复出现在不同发展阶段的罗马钱币上。本文尝试讨论这一现象的背景原因和相关信息。

一、马可·安东尼的军团第纳尔银币

　　马克·安东尼早年曾在恺撒军中服役。公元前43年11月，元老院在恺撒死后任命他与恺撒的侄子和指定继承人屋大维、埃米利乌斯·雷必达为"重建国家的三头联盟"，任期五年。他们分享了帝国的统治权，而马克·安东尼得到其他两人的同意，肩负起重组东方军团的任务。他除了接收原恺撒组建的部分军团，还自行组建了一些军团，出征波斯和亚美尼亚。为此，他也发行了有自己名字的钱币。公元前32~前31年，他为支付自己的军团工资而发行了被后世称为军团第纳尔的银币。据估计，大约打制了2500~3500万枚，且基本在希腊帕特雷打制，含银量低于普通银币，平均只有85%~90%。军团第纳尔得以长期流通，甚至在被火山灰掩埋的庞贝城亦有发现。[1]

　　军团第纳尔银币（图1）正面为罗马桨帆战舰图案，战舰有全通甲板和单层划桨，舰艏也有撞角和桅杆。战舰上面有拉丁文缩写"ANT AVG"，意为"祭司和预言者安东尼"，这是公元前49年元老院授予他的荣誉称号。战舰下面的拉丁文缩写"III VIR.R.P.C"，意为"重建共和国的三头联盟"。背面图案是军团鹰旗（Aquila）居中，两侧各有一大队旗（Signum），下面有军团编号缩写。根据统计，

图1　马可·安东尼的第4军团第纳尔银币

1　Harl, Kenneth. *Coinage in the Roman Economy, 300B.C. to A.D.700*. Baltimore: Johns Hopkins University Press.1996.

军团编号从 1 排到 23。此外，另有独立于军团编制的禁卫军大队版和侦察大队版银币存在。禁卫军版背面有拉丁语缩写"CHORTIVM PRAETORIARVM"，没有军团编号；侦察大队版背面缩写是"COHORTIS SPECULATORUM"，军旗图案是战舰和花环，同样没有军团编号。在共和国末期与帝国初期每个军团有 10 个大队，总计 4200~5000 人，每名士兵年工资为 225 第纳尔，分 3 次发放。[1]

除了银币以外，安东尼还发行了少量使用第纳尔银币模具打制的军团 1 奥里斯金币，这些金币含金量很高，重量在 8 克左右，流传下来的样本很少。在共和国末期，军团士兵通常服役年限只有 6 年，服役期结束后旧军团就地解散，编号会回收用于组建新军团。安东尼的军团币发行原因可能是想维持军心，试图永久保持军团建制的一种手段。屋大维和安东尼之间的矛盾焦点集中于恺撒和"埃及艳后"克娄巴特拉的私生子恺撒里奥身上。作为恺撒唯一亲生儿子的恺撒里奥，威胁着屋大维作为恺撒继承人身份的合法性，令屋大维必欲除之而后快。安东尼抛弃了屋大维的姐姐屋大维娅与克娄巴特拉结为情侣，为了打击屋大维的声望，他让恺撒里奥登上了国王宝座，并将埃及、叙利亚和小亚细亚的部分土地划归其管辖，自己则以恺撒里奥的保护人自居。安东尼的这一做法震惊了罗马元老院，屋大维趁机说服元老院宣布安东尼为国家公敌，剥夺了安东尼在罗马的一切权力。安东尼对克娄巴特拉的言听计从，引发了麾下将士的极大不满，军队出现了大量逃兵。而最糟糕的是，安东尼的作战计划也随着逃兵被带给了屋大维。公元前 31 年 9 月 2 日，安东尼率领舰队向屋大维舰队发起进攻，双方在亚克兴角海域附近相遇。在两军胜负未分之时，克娄巴特拉却命令自己乘坐的旗舰退出战场，扬起风帆向埃及方向驶去。安东尼见状，也坐上一艘小艇追随而去。主帅临阵脱逃令尚在苦战的士兵们瞬间崩溃，纷纷举起船桨向屋大维军投降。被安东尼留在陆上的十万大军在经过八天的等待无果后，全体放下武器向屋大维投降。亚克兴海战令安东尼的军事力量毁于一旦，从此再无与屋大维抗衡的本钱。随后屋大维进军埃及，安东尼和克娄巴特拉双双自杀身亡，恺撒里奥也被屋大维抓获处死。屋大维解散了安东尼的军团，将部分士兵编入自己的军团服役。同时，他也安置了安东尼军团的老兵。公元 1 世纪西班牙梅里达和希腊帕特雷打制的铜币上出现了军旗图案和第 5、10、12 军团缩写，说明这些地区是老兵安置点，有安东尼军团老兵后裔生活。[2] 随着屋大维被元老院授予"奥古斯都"的称号，成为罗马第一公民，也就是罗马的元首。罗马军团再次从将领手中回到国家控制下，成为当时世界上唯一的常备国家军队。军旗也暂时从钱币上消失了，之后则少有出现。

二、公元 1~2 世纪的军团第纳尔银币

公元 68 年初，驻北非行省的第 3 奥古斯都军团在军团长克洛狄乌斯·马切尔的带领下发动反对皇帝尼禄的叛乱，他很快控制了整个行省并自任总督。不久之后，他又组建了属于自己的第 1 马切尔军团。为了给这些军队支付工资，他启用行省首府迦太基的造币厂打制了一

1 Cowan, Ross. *Roman Legionary: 58BC-AD69*. Oxford: Osprey Publishing, 2003.

2 Keppie. *L. J. F., Legions and Veterans: Roman Army Papers 1971-2000*, Stuttgart, Franz Steiner Verlag. 2000.

批连续 7 种不同背面纹饰的钱币，其中就有军团鹰旗（Aquila）居中（图 2），两侧各有一大队旗（Signum），下面有军团编号 I 或 III 缩写的军团第纳尔银币。值得注意的是，有些银币上有拉丁文"LIBERATRIX"，意为"解放者"。意在表明马切尔发动叛乱纯粹为从暴君手中解放罗马人民，而非自己称帝。公元 68 年 7 月，西班牙

图 2 马切尔的第 3 军团第纳尔银币

行省总督加尔巴被元老院任命为皇帝，叛乱结束，克洛狄乌斯·马切尔被捕后处决。无独有偶，同年在高卢某些地区的造币厂打制了少量正面为戴盔战神和拉丁文"MARS VLTOR"，即"战神惩罚者"，背面为军旗、祭坛与 SIGNA PR，即罗马人民的旗帜的第纳尔银币。据推测，这些钱币可能由支持当时高卢总督温德克斯叛乱的地区打制。此人最终被日耳曼地区的驻军击败斩杀。[1]

公元 169 年，为纪念亚克兴角海战 200 周年，当时的罗马皇帝马可·奥勒留和共治者，他的兄弟维鲁斯发行了一种军团第纳尔纪念银币。此币正面战舰朝向左侧，与安东尼币正面战舰向右相反。文字为"ANTONIUS AUGUR"，即"祭司和预言者安东尼"，背面同样是军旗。另外也有鹰旗朝向从右变为左，同时左侧或右侧大队旗改为手掌旗（Manus）的版本，文字为"ANTONINVS ET VERVS AVG RESTLEG VI"，意为"马可·奥勒留·安东尼与维鲁斯重建第 6 军团"。目前尚未发现其他军团编号。

三、塞普蒂米乌斯·塞维鲁的军团钱币

公元 192 年 12 月 31 日，罗马禁卫军杀死了前皇帝马可·奥勒留的儿子——皇帝康茂德，原因是此人任上倒行逆施，元老院便以最快的速度选举了一位出身北意大利的具有被释奴家庭背景且从政经验丰富的官员佩蒂纳克斯为皇帝。然而，佩蒂纳克斯的统治并未持续太久，便被驻扎在罗马城内的禁卫军杀死。随后禁卫军宣布公开拍卖帝位，富有的尤利安努斯元老拍下帝位，成为新一任罗马皇帝。此时，出生于非洲行省，父辈有非洲人血统的罗马潘诺尼亚总督塞普蒂米乌斯·塞维鲁在当地军团的支持下称帝，并进军罗马。就在尤利安努斯试图组织禁卫军反抗之时，禁卫军却私下和塞维鲁达成协议，只要禁卫军交出尤利安努斯和谋害佩蒂纳克斯的罪犯，就可以免于流血冲突。于是，禁卫军抓住了大部分参与谋害佩蒂纳克斯的凶手，并且宣布尤利安努斯退位，然后于公元 193 年 6 月 1 日将其斩首，向塞维鲁献城投降。

塞维鲁即位后便遣散了禁卫军，用忠于自己的军队取代。在整合手中的军队后，他便出征东方行省，击败了东方军团拥立的培辛尼乌斯·尼戈；之后西征高卢，击败了不列颠军团拥立的克洛狄乌斯·亚尔比努斯。公元 193 年，为了感谢支持他称帝的 15 个驻潘诺尼亚与日耳曼地区的军团，塞维鲁发行了背面有军旗和军团编号的奥里斯金币和第纳尔银币（图 3~7）。这些金银币均在罗马打制，正面是戴桂冠的塞维鲁头像和拉丁文"IMP CAE L SEP SEV PERT AVG"，即"最高统帅恺撒塞普蒂米乌斯·塞维鲁、永远的奥古斯都"；背面图案是军旗与军

1　Carson, R. A. G. *Coins of the Roman Empire*. London & New York, Routledge, 1990.

图 3　塞维鲁第 4 军团奥里斯金币

图 4　塞维鲁第 8 军团奥里斯金币

图 5　塞维鲁第 2 军团第纳尔银币

图 6　塞维鲁第 22 军团第纳尔银币

图 7　塞维鲁第 20 军团第纳尔银币

团编号缩写，下面有文字"TRPCOS"，即"保民官与执政官"。鹰旗朝向为左，大队旗上也出现花环。这与此前的军团币不同，那些支持尼戈与亚尔比努斯的军团则未出现在军团币上。[1]

公元 1 世纪晚期图密善皇帝在位期间，军团士兵年工资从 225 第纳尔上涨到 300 第纳尔。公元 197 年塞维鲁击败亚尔比努斯后，进一步把工资上涨 50%，即 450 第纳尔。除了基本工资外，士兵还能在皇帝登基日或生日等重要节日收到额外奖金。这些军团币可能就是为此打制的。塞维鲁统一罗马后便立即远征帕提亚波斯，率军越过幼发拉底河解了尼西比斯之围。此后的塞维鲁效仿图拉真一样沿河向美索不达米亚腹地进军，不同的是，塞维鲁选择的是幼发拉底河。罗马军在他的指挥下再一次占据了泰西封和塞琉西亚，随后回师北美索不达米亚，他在北美索不达米亚建立了美索不达米亚行省。公元 208 年，塞维鲁远征苏格兰，3 年后在前线去世。遗嘱中交代儿子卡拉卡拉和盖塔善待军队。卡拉卡拉即位后便把士兵工资增加到 900第纳尔，结果引发了全帝国的经济危机，货币开始大幅贬值。进入公元 3 世纪后，罗马帝国陷入了危机。[2]

四、加里恩努斯的军团安东尼银币

公元 253 年，加里恩努斯就被父亲瓦勒利安任命为共治皇帝，管理西部帝国。此时，哥特国王克尼瓦已经劫掠了远至马其顿的广大巴尔干腹地，其兵锋甚至深入希腊南方的温泉关和科林斯地峡。加里恩努斯立即指挥多瑙河与莱茵河流域的军团出征，保卫边境。公元 258 年年末，他在米兰击败了一支入侵意大利腹地的阿勒曼尼人大军。次年，又以实力迫使多瑙河北岸的马科曼尼人臣服。公元 262 年后，多次与侵入巴尔干半岛的凶悍哥特人交战。最终在公元 267~268 年取得了奈苏斯战役的胜利，终结了哥特人不可战胜的神话。当然，这一时期

1　RantalaJussi, *The Ludi Saeculares of Septimius Severus: The Ideologies of a New Roman Empire*, Londres: Routledge, 2017.

2　Cowan, Ross. *Imperial Roman Legionary AD161-284*. Oxford: Osprey Publishing, 2003.

蛮族入侵，规模巨大且频次不断。加里恩努斯无法完全阻止入侵者的攻势，这些胜利也都是在己方领土上的自卫作战，这些胜利的价值相对没有那么突出。公元 260 年，瓦莱里安兵败埃德萨之战，被萨珊波斯俘虏，加里恩努斯亲自掌权。为了感谢并表彰长年跟随他征战的军团，他发行了背面有军团徽章的安东尼银币（图 8~15）。安东尼银币总共有 17 种，代表 17 个军团，除第 2 帕提亚军团驻扎在意大利外均是驻多瑙河与莱茵河流域的军团。军团徽章多以猛兽为主，如狮子、公牛、狼或野猪，也有鹰与鹤，此外还有飞马、摩羯和人马这些神话生物，还有 3 个军团直接采用神像作为徽章。银币正面是戴冠冕加里恩努斯头像，朝向左右皆有，拉丁文"GALLIENVS AVG"，即"加里恩努斯奥古斯都"。背面除了军团徽章外还有军团名称和表彰次数，加里恩努斯发行银币代表的 17 个军团都有 6 次表彰次数，而其中 12 个则有 7 次的记录，此外还有 3 个军团有额外表彰 5 次的记录。瓦勒利安指挥的东方军团和驻不列颠、西班牙的 4 个军团则没有获得该荣誉，原因可能是东方军团未受加里恩努斯本人控制，而不列颠、西

图 8　加里恩努斯第 22 军团　　　　　图 9　加里恩努斯第 2 辅助军团　　　　图 10　加里恩努斯第 2 意大利军团
　　　安东尼银币　　　　　　　　　　　　　安东尼银币　　　　　　　　　　　　　安东尼银币

图 11　加里恩努斯第 3 意大利军团　　　图 12　加里恩努斯第 4 军团　　　　　　图 13　加里恩努斯第 7 军团
　　　安东尼银币　　　　　　　　　　　　　安东尼银币　　　　　　　　　　　　　安东尼银币

图 14　加里恩努斯第 14 军团　　　　　图 15　加里恩努斯第 30 军团
　　　安东尼银币　　　　　　　　　　　　安东尼银币

班牙军团也未参与大规模征战。这些安东尼银币均在他的新指挥中心米兰打制。[1]需要补充的是，与此同时位于高卢的里昂造币厂打制了一批背面是鹰与军旗的安东尼银币，其正面有戴冠冕披甲加里恩努斯头像和文字"IMP GALLIENVS PIVS AVG"或"GALLIENVS PF AVG"，

1　Oman, C. "On the Coins of Severus and Gallienus Commemorating the Roman Legions". *The Numismatic Chronicle and Journal of the Royal Numismatic Society.*1918.

背面文字"FIDES MILITVM"，即"忠诚军团"。这些可能用于给不列颠和西班牙军团发放补偿。公元262年，加里恩努斯发行了纪念自己统治10年的加重奥里斯金币，背面同样有"FIDES MILITVM"，之后发行的部分普通奥里斯金币类似此前的高卢安东尼银币，但背面的鹰被忠诚女神取代。

公元235年，篡位皇帝马克西米努斯为换取军团支持把士兵工资提高到1800第纳尔，然而，崩溃的经济和不断贬值的钱币使实际财富缩水。卡拉卡拉时代新发行的安东尼银币原本价值2第纳尔，含银量约为1.5第纳尔。到了加里恩努斯时期，则完全贬值为掺少量银的铜币。加里恩努斯并未拯救帝国，于公元268年在镇压米兰的叛乱时，被亲卫的骑兵队杀害，年50岁。此时帝国已经分裂成3部分。

五、分裂地区统治者的军团钱币

公元259年，高卢驻军司令官波斯图穆斯率军脱离罗马，自立为皇帝，建立独立的"高卢帝国"，自设行政机关，自铸货币，统治范围除高卢外，还包括日耳曼、不列颠和西班牙。公元268年，波斯图穆斯为士兵所杀，高卢分裂。南部拥立维克托里努斯为皇帝，北部以玛里乌斯为皇帝。不久维克托里努斯击败玛里乌斯，成为全高卢的统治者。维克托里努斯发行了一批背面纹饰为军团徽章的奥里斯金币（图16）。正面是维克托里努斯头像和"IMP VICTORINVS PF

图16   维克托里努斯第3军团
奥里斯金币

AVG"，即"最高统帅维克托里努斯虔诚幸运的奥古斯都"。总共有12个军团，但是维克托里努斯实际只有其中4个军团，其他军团则位于从中欧到东方行省的广大地区。对于这些金币的打制原因，比较可能的解释是这是维克托里努斯出于对外宣传和贿赂其他军团使之加入本方阵营的举动。[1] 公元273年，继任高卢皇帝泰特里克为镇压国内起义，向罗马皇帝奥勒良求援，答应交出军队，高卢才重新归并罗马帝国。

公元286年，罗马英吉利海峡舰队总指挥卡劳修斯发动叛乱，占领不列颠，自封奥古斯都，自称不列颠尼亚的皇帝。这位皇帝在位期间发行了多种货币来宣扬自己的合法性，其中最有名的就是印有他本人头像的银币。卡劳修斯上位后，在市面银价的基础上公开制定银铜比并铸造新币，这种新币虽然加工粗糙，但是贵金属含量非常稳定。卡劳修斯亦发行了背面纹饰为军团徽章的安东尼银币，共计有9个军团，但其中只有2个驻扎于不列颠，其他的分别位于莱茵河流域、巴尔干和意大利。银币正面为卡劳修斯头像和"IMP CARAVSIVS PF AVG"，即"最高统帅卡

图17   君士坦丁一世索里德金币

---

1   Oman, C. "The Legionary Coins of Victorinus, Carausius, and Allectus" *The Numismatic Chronicle and Journal of the Royal Numismatic Society.* 1924.

劳修斯虔诚幸运的奥古斯都"。打制原因可能也是出于宣传和贿赂其他军团。[1] 公元 293 年，卡劳修斯被其财务官阿利克图斯谋杀篡位。公元 296 年，帝国副皇帝君士坦提乌斯一世收复了整个不列颠。至此，存在了十年的罗马不列颠帝国灭亡。

军旗最后一次出现的钱币，是公元 312~213 年由副皇帝君士坦丁一世发行的（图 17）。此时，他与另外一位统治者李锡尼结盟，共同对抗马克西米努斯和马克森提乌斯父子。可能出于向自己军队发放奖金的目的，他发行了一种全新的索里德金币。正面是他的头像和 "CONSTAN–TINVS P F AVG"，即 "君士坦丁虔诚幸运的奥古斯都"。背面是鹰旗和附有花环和手掌的大队旗，与 "S P Q R OPTIMO PRINCIPI"，即 "元老院和人民最佳元首"。这些金币均在高卢特里尔打制。当君士坦丁于公元 312 年占领罗马后，在罗马发行了相同图案设计的弗利斯铜币，只在正面增加了最高统帅 IMP。

公元 300 年时，士兵基本工资仍然是 1800 第纳尔，此时第纳尔已经退化为价值单位，除了基本工资每年还有其他补贴和奖金。由于戴克里先创立的四帝共治制，每位皇帝和副皇帝的生日、即位日和晋升执政官日都要给军团发放奖金。这样即使是普通士兵每年也有高达 10000 第纳尔的收入，而骑兵和军官的收入更高。根据保存下来的资料显示，公元 3 世纪末有些奖金已经用奥里斯金币发放，当时 1 奥里斯金币价值 1200 第纳尔，和已经严重贬值的银币相比更便于统计发放和士兵接受，与过去相比士兵的生活质量也并未显著下降。[2]

结论

自罗马共和国成立以来，公民军团数量不断增长，最终成为其对外征服力量。马略的军团改革打造了革命性的职业军团，也因薪酬发放使其脱离元老院与人民的控制，变成了军阀厮杀的工具。掌握军团的军阀们也无所不用其极地保证军人的忠诚，包括发行贵金属钱币犒赏在内。虽然奥古斯都最终把军团交回元老院与人民手中，但由于罗马政权的元首制缺乏稳定的继承制度，军团往往会支持那些承诺给他们巨大报酬的将领或地方官员去争夺权利。公元 3 世纪后，军团长期驻扎并从特定地区征召兵员，导致军团本身成为独立于罗马政权的政治实体，士兵更认同他生活与服役的军团而非遥远的罗马。而罗马的最高统帅们则不得不付出更大代价争取地方化军团的支持和效忠。最终戴克里先和君士坦丁将旧军团拆分重组为更小的分队，并将来自不同军团的分队统一置于不同地区的步兵或骑兵长官指挥，才重新掌握了军队。军团钱币作为记录这段历史的见证，不仅提供了货币与经济的资料，也记录了军团获得的荣誉和历史。

1　Oman, C. "The Legionary Coins of Victorinus, Carausius, and Allectus" *The Numismatic Chronicle and Journal of the Royal Numismatic Society.* 1924.

2　Cowan, Ross. *Roman Legionary AD284-337.* Oxford: Osprey Publishing, 2015.

从出土钱币探寻古罗马帝国与印度次大陆的贸易关系

霍博　常昊

　　"印度—罗马贸易关系"（Indo-Roman trade relations）也称香料贸易，是印度次大陆与地处欧洲的古罗马帝国之间通过海洋的贸易。贸易航船由地中海的古罗马外港到达埃及港口，货物经一小段陆路运输，再次使用航船进入红海利用印度洋季风到达今天的印度和斯里兰卡。这个贸易路线要比由小亚细亚和中东的陆路贸易路线要晚，因为公元前30年古罗马皇帝奥古斯都征服埃及之后才得以打通这条贸易路线。值得重视的是，这条南方路线，不仅有助于加强古罗马帝国和印度次大陆之间的贸易，而且，由于运输成本的低廉逐渐取代了陆路贸易路线。本文试图通过一些与之相关的出土钱币来探讨古罗马与印度次大陆的贸易情况。

　　资料表明，古希腊和古罗马商人曾频繁往来于古代泰米尔国家（今印度南部和斯里兰卡），自托勒密王朝时代以来，希腊罗马世界与印度次大陆的有了最初的贸易。例如潘迪亚、乔拉和谢拉三个王朝的泰米尔国家的贸易，随即建立了很多贸易定居点，根据古罗马历史学家斯特拉波的记载，古罗马皇帝奥古斯都在安条克行省接见过一位来自印度南部德拉米拉的王国潘迪亚的大使。

　　希腊化时代塞琉古王朝控制着一个发达的与印度次大陆的陆路贸易网络，这个陆路贸易网络需要通过阿契美尼德帝国控制的沙漠边缘。希腊化的托勒密王朝则控制着通往阿拉伯半岛南部和印度次大陆西部的其他贸易路线，在古罗马人介入之前，就已经开始利用该地区的贸易机会。但是根据历史学家斯特拉波的说法，印度人和希腊人之间的贸易量无法与后来的印度—罗马的贸易量相比。

　　托勒密王朝利用红海港口发展了与印度古王国的贸易。随着古罗马埃及行省的建立，罗马人利用这些港口接管并进一步发展了已经存在的贸易。但是像斯特拉波这种罗马帝国早期的古典历史学家，对当时身份低贱的商人和他们的地形记录存有偏见，很难将更多的地理学信息融入他的作品中。直到公元2世纪罗马帝国后期理学家托勒密的《地理志》才有了突破，借助商人和水手的描述，他精确地了绘制孟加拉湾的地图。

　　古罗马共和时代的前两个世纪，印度西部和罗马东部之间的海上贸易显著增加。到了奥古斯都当政时（公元前27~公元14年），罗马帝国的稳定让两个地区的贸易扩张成为可能。这种稳定，也能允许一种更健全的金银铸币新探索。

　　我们从拉丁文古典作品中看到，罗马引进了印度老虎、犀牛、大象和蛇，用于马戏团表演——这是一种娱乐方式，用来讨好罗马的公民们。罗马妇女佩戴着印度洋珍珠，象牙，各种宝石作为奢侈品，也进口草药、香料、胡椒、枸杞、棉布、芝麻油和糖作为日用品，进口乌木用于罗马的家具。印度西海岸地区以其汹涌的海浪和多岩石的海床而闻名，这对航运是危险的。人们在位于印度西部卡什赫湾的一个名叫贝特·德瓦卡的岛屿附近，从一个船只遗骸上发现了7个安瓿瓶，用于从罗马帝国进口葡萄酒和橄榄油。所以该岛在位置上所处的不利条件，但是双方的供求关系仍使印度西部海岸这一带成为重要的贸易场所。

　　但是实际上，印度—罗马贸易更多是一种单向贸易。印度人对罗马产品的需求并不是很大，基本都是价值偏低的日用品、葡萄酒和橄榄油以及少量的玻璃制品。结果，西印度成为了大量罗马金币的接受者。在印度西部发现的罗马金币主要来自公元1~3世纪。这些罗马硬币还表明，在公元1世纪和2世纪，印度次大陆与罗马有着稳定的海上贸易。虽然，陆路也被印度使者用来到达罗马。但由于漫长陆路上的关税问题，海路更容易受到商人们的欢迎。然而，公元3世纪后期以后印度—罗马贸易开始走向消亡。在塞维鲁·亚历山大死后，罗马帝国不再稳定，黄金年代一去不返，帝国进入危机。随后的商贸活动开始骤减，尤其贸易路线于公元第7世纪进一步衰退，伊斯兰教的兴起完全阻碍了印度和埃及之间的海上贸易路线。在伊斯兰国家的控制下，曾经的东方商路在接下来的几百年内愈发被欧洲人所遗忘。再下次的兴盛要等到公元15世纪大航海时代的来临。

　　自公元20世纪起，与该贸易之路相关的钱币被陆续发现，为我们认识这些钱币和商业贸易提供了一些佐证。例如，在印度、阿富汗等地陆续出土一些古罗马金币。还有一些与罗马金币类似的金币，显然是当地商人或者地方部落的模仿。换句话说，古罗马通过贸易把金币带到了印度次大陆，也许是罗马金币广受当地商人的认可，但是数量又不多，所以，当地人就模仿制造金币以满足流通和存储的需要。

图1　　　　　　　图2　　　　　　　图3

　　以上三图为印度泰米尔纳德邦的普杜克塔蒂城出土的古罗马金币。第一枚为卡里古拉金币（公元37~41年，图1），第二与第三枚为尼禄金币（公元54~68年，图2、3），大英博物馆馆藏。这些打制于公元1世纪的金币面值为1奥雷，这批窖藏金币基本有一道检验槽，在大宗贸易中用来检验金币的真伪。

图4　　　　　　　图5

　　图4为公元98~117年古罗马发行的图拉真1奥雷金币，在今天阿富汗的阿欣波什佛教寺院被发现，大英博物馆馆藏。

　　图5为印度次大陆仿制的古罗马金币，头像为古罗马哲学皇帝马克奥勒留之妻，皇后小福斯蒂娜，大英博物馆馆藏。这种仿制型金币的含金量与罗马本土打制的奥雷金币基本一致，只是重量略轻。

钱币上的米南德一世王朝

李小萍

米南德一世（Menander I）是印度—希腊最伟大的国王，约公元前155~前130年在位。同时，他是唯一在西方和印度古典文献中都留下名字的印度—希腊人国王，也是西方和印度古典作家最熟悉的国王。而且，他被认为是佛教的赞助人，也是一部重要佛教著作《弥琳达的问题》*Milinda-panha*（"The Questions of Milinda"）的主人公。但是，关于他的史籍记载却只有寥寥数笔，仅在西方古典作家斯特拉波、查士丁、希腊传记作家普鲁塔克的笔下以及《厄立特里亚航海记》中找到一些零星记载。可喜的是，近几十年来出土的大量的希腊—巴克特里亚王国和印度—希腊王国时期的钱币，为我们重新认识这段历史和历任国王提供了第一手资料。本文拟通过对米南德一世钱币的币值、质地、文字、纹饰、图案等的比对和分析，进一步加深对米南德一世及其他的王国的认识。另一方面，大量米南德钱币的发现，也表明了王国的存在时间及其经济繁荣程度，并能为重建这段历史提供了翔实的证据。

公元前326年，亚历山大大帝攻占印度西北部地区，并建立许多希腊殖民地。之后，在其被迫撤退时，留下了一部分军队保护他在印度的领土。继承者战争爆发后，当时的一些军队离开印度参战，这给了当时的孔雀王朝（公元前324~前187年）一个大好机会，旃陀罗·笈多随即占领许多希腊的军事要塞和城市。公元前302年，塞琉古一世被迫放弃中亚的兴都库什山脉（今阿富汗和巴基斯坦交界地区）以南从阿拉霍西亚直到印度的广大希腊殖民地，使当地许多希腊移民受孔雀王朝统治。

公元前250年，巴克特里亚总督狄奥多托斯（DiodotusI）乘塞琉古王朝和埃及托勒密王朝第二次战争之机，宣布独立，脱离塞琉古王朝，建立希腊—巴克特里亚王朝。此时希腊—巴克特里亚王朝疆土除巴克特里亚外，还包括阿姆河以北的索格狄亚那、以今谋夫为中心的马尔吉亚那和以今赫拉特为中心的阿里亚三个省（Satrap）。公元前230年，巴克特里亚发生政变，狄奥多托斯二世被索格狄亚那总督攸提德谟斯（Euthydemus I）所杀。攸提德谟斯是塞琉古二世寡后之女婿。之后，由安提马库斯即任，不久又被攸提德谟斯所杀。公元前225年，巴克特里亚的王位由攸提德谟斯继承，开始了攸提德谟斯王朝。公元前206年，塞琉古安条克三世远征帕提亚和希腊—巴克特里亚王朝，并围困巴克特里亚城达两年之久，最后达成和解，安条克三世将其女许配给攸提德谟斯一世的儿子德米特里乌斯一世为妻，攸提德谟斯一世保证抵御北方游牧民族入侵。

公元前190年，攸提德谟斯一世去世，其子德米特里乌斯一世（Demetrius I）即位。这一年，安条克三世在同罗马的战争中大败，塞琉古王朝从此永远失去了小亚细亚。公元前185年前后，孔雀王朝被巽迦王朝取代，德米特里乌斯一世趁机扩张，先后将中亚的喀布尔、印度河上游靠近喜马拉雅山西北部一带的犍陀罗和旁遮普等地纳入王国的版图，在北印度建立了印度—希腊王朝，从而开始了希腊文化和印度文化融合。

德米特里乌斯一世在公元前180年左右去世。之后，似乎经过一段混乱时期，国家最终陷入内战。此时，曾是德米特里乌斯一世的一位将军阿波罗多特斯，宣布独立于巴克特里亚，统治着印度西北部地区的西旁遮普到犍陀罗一带。

米南德一世是德米特里乌斯二世之子，出生在毗邻亚历山大的高加索地区（今阿富汗的巴格拉姆）一个叫 Kalasi 的村庄。公元前 155 年，米南德一世继承了阿波罗多特斯一世王位，成为印度—希腊王国的国王，统治着西旁遮普到健驮罗地区。为了扩张土地，他曾率兵远征恒河流域。但是，由于在巴克特里亚称王的攸克拉提底斯一世（Eucratidos I，约公元前 170~前 145 年在位）的南下进攻，导致米南德后院起火，他不得不从恒河流域撤回。一场恶战之后，米南德王国国土大部沦陷，米南德只能栖身于王国的边地城市 Sagala（萨加拉）。公元前 145 年，攸克拉提底斯一世被其子弑杀，米南德才得以恢复失地，在印度次大陆建立了一个希腊化帝国，其疆域西至喀布尔河谷到东部的拉维河，北至斯瓦特河谷南到阿拉乔西亚（赫尔曼德省）。古代印度作家指出，他曾向南远征拉贾斯坦邦，并沿恒河流域往东到达遥远的巴塔利普特拉（Pataliputra），希腊地理学家斯特拉博（Strabo）说他"征服的部落比亚历山大大帝（Alexander the Great）还多"。

大部分米南德时期的钱币是在巴基斯坦的巴焦尔发现的。巴焦尔位于斯瓦特和库纳尔河之间，这里出土的米南德时期的钱币有银质和铜质的，却没有发现黄金的。

一、银币

从现存的银币来看，米南德时期的银币有两种纪值标准，即阿提卡（Attic）标准和印度标准。阿提卡标准是雅典标准，目前发现有两种 4 德拉克马（Tetradrachma）银币：

（1）米南德一世戴脊盔像 4 德拉克马银币重 13.28 克，直径 32 毫米。正面米南德一世戴帽侧面像，背面为雅典娜女神手持神盾和霹雳杖左站像，两侧是希腊文"ΒΑΣΙΛΕΩΣ ΣΩΤΗΡΟΣ ΜΕΝΑΝΔΡΟΥ"（救世主米南德国王）。从造币厂印记辨别是普什卡拉瓦提（Pushkalavati，今巴基斯坦白沙瓦附近恰沙达）造币厂（图 1）。

图 1　米南德一世戴帽侧面像 4 德拉克马银币

（2）米南德一世戴脊盔像 4 德拉克马银币重为 13.3 克。正面是右手持矛的米南德一世戴脊盔头像，背面为雅典娜女神手持神盾和霹雳杖左站像，两侧是希腊文"ΒΑΣΙΛΕΩΣ ΣΩΤΗΡΟΣ ΜΕΝΑΝΔΡΟΥ"（救世主米南德国王）。下方是普什卡拉瓦提（Pushkalavati）造币厂印记（图 2）。

图 2　米南德一世戴脊盔像 4 德拉克马银币

从这两件银币的特色可以看出，它们依然保持了希腊化的风格：①币值采用阿提卡（Attic）标准，即希腊雅典地区的纪值标准；②采用单一的希腊语作为币文；③使用希腊雅典娜女神图案，将雅典娜·阿尔基德莫斯（Athena Alkidemos，"雅典娜，人民的救星"）的肖像印在钱币上。也许是要证明其正宗的希腊血统，这个时期打制的银币完全采用希腊钱币的标准样式。同时，他是第一个在钱币上宣称是救世主的国王，这一称谓一直贯穿着他的所有钱币。

然而，大多数米南德一世时期的银币是采用印度纪值标准的，目前发现有 4 德拉克马（Tetradrachma）和 1 德拉克马（Drachma）两种币值。4 德拉克马者，重 9 克左右，直径在 26 毫米左右；1 德拉克马者，重 2.5 克左右，直径 18~19 毫米。银币正面图案有米南德一世束头带持剑左、右侧面头像；米南德一世戴脊盔左、右侧面头像；还有持剑的和没有持剑的等多种组合图案。外围环希腊文"ΒΑΣΙΛΕΩΣ ΣΩΤΗΡΟΣ ΜΕΝΑΝΔΡΟΥ"（救世主米南德国王）。背面都是雅典娜女神手持神盾和霹雳杖站像，神盾的纹饰也有点状和花瓣状的分别。外围环佉卢文（Kharoshthi），还有造币厂的印记。现在发现有普什卡拉瓦提（Pushkal vati，今巴基斯坦白沙瓦附近恰沙达）造币厂、迦毕试（Kapisa，今阿富汗喀布尔北部恰里卡尔一带）造币厂、塔克西拉（Taxila，今巴基斯坦伊斯兰堡）造币厂等。从地理位置上看，三处造币厂都在印度河北的北印度地区，属于当时的印度—希腊王朝。

值得注意的是，印度—希腊王朝时期的钱币背面都采用古印度佉卢文，在钱币学上被称为双语币。米南德一世发行双语钱币，一是在印度—希腊王国的土地上流通，二是彰显他是印度—希腊王朝之王。

（一）印度标准的 4 德拉克马银币

采用印度标准的 4 德拉克马银币有以下几种：

（1）米南德一世束头带持剑左侧面像 4 德拉克马银币重 9.78 克，直径 24 毫米，正面米南德一世束头带持剑左侧面像，外围是希腊文"ΒΑΣΙΛΕΩΣ ΣΩΤΗΡΟΣ ΜΕΝΑΝΔΡΟΥ"（救世主米南德国王）；背面是雅典娜女神手持神盾和霹雳杖站像，外围是佉卢文。右下方是普什卡拉瓦提（Pushkalavati）造币厂印记（图 3）。

图 3　米南德一世束头带持剑左侧面像
4 德拉克马银币

（2）米南德一世束头带持剑左侧面像 4 德拉克马银币重 9.79 克，直径 25 毫米，正面米南德一世束头带右侧面像，外围是希腊文"ΒΑΣΙΛΕΩΣ ΣΩΤΗΡΟΣ ΜΕΝΑΝΔΡΟΥ"（救世主米南德国王）；背面是雅典娜女神手持神盾和霹雳杖左站像，两侧是佉卢文（Kharoshthi）。右下方是迦毕试（Kapisa）造币厂印记（图 4）。

图 4　米南德一世束头带右侧面像
4 德拉克马银币

（3）米南德一世束头带持剑左侧面像 4 德拉克马银币重 9.84 克，直径 28 毫米，正面米南德一世束头带右侧面像，外围是希腊文"ΒΑΣΙΛΕΩΣ ΣΩΤΗΡΟΣ ΜΕΝΑΝΔΡΟΥ"（救世主米南德国王）；背面是雅典娜女神手持神盾和霹雳杖左站像，两侧是佉卢文（Kharoshthi）。右下方是迦毕试（Kapisa）造币厂印记（图 5）。

图 5　米南德一世束头带右侧面像
4 德拉克马银币

（4）米南德一世束头带持剑左侧面像 4 德拉克马银币重 9.74 克，直径 26 毫米，正面米南德一世戴脊盔右侧面像，外围是希腊文"ΒΑΣΙΛΕΩΣ ΣΩΤΗΡΟΣ ΜΕΝΑΝΔΡΟΥ"（救世主米南德国王）；背面是雅典娜女神手持神盾和霹雳杖左站像，两侧是佉卢文（Kharoshthi）。右下方是迦毕试（Kapisa）造币厂印记（图 6）。

图 6　米南德一世戴脊盔右侧面像
4 德拉克马银币

（5）米南德一世束头带持剑左侧面像 4 德拉克马银币重 9.6 克，直径 26 毫米，正面是米南德一世戴脊盔右侧面像，外围是希腊文"ΒΑΣΙΛΕΩΣ ΣΩΤΗΡΟΣ ΜΕΝΑΝΔΡΟΥ"（救世主米南德国王）；

背面是雅典娜女神手持神盾和霹雳杖左站像，两侧是佉
卢文（Kharoshthi）。右下方是迦毕试（Kapisa）造币厂
印记（图7）。

（二）印度标准的1德拉克马银币

采用印度标准的1德拉克马银币有：

（1）米南德一世束头带手持剑左侧面像1德拉克
马银币重2.43克，直径18毫米，正面米南德一世束
头带，手持剑右侧面像，外围是希腊文"ΒΑΣΙΛΕΩΣ
ΣΩΤΗΡΟΣ ΜΕΝΑΝΔΡΟΥ"（救世主米南德国王）；背面
是雅典娜女神手持神盾和霹雳杖向右站像，两侧是佉卢
文（Kharoshthi）。右下方是塔克西拉（Taxila）造币厂
印记（图8）。

（2）米南德一世束头带手持剑左侧面像1德拉克
马银币重2.44克，直径18毫米，正面米南德一世束
头带，手持剑左侧面像，外围是希腊文"ΒΑΣΙΛΕΩΣ
ΣΩΤΗΡΟΣ ΜΕΝΑΝΔΡΟΥ"（救世主米南德国王）；背面
是雅典娜女神手持神盾和霹雳杖向右站像，两侧是佉卢
文（Kharoshthi）。左下方是塔克西拉（Taxila）造币厂
印记（图9）。

（3）米南德一世束头带手持剑左侧面像1德拉克马
银币重2.45克，直径18毫米，正面米南德一世束头带，
手持剑左侧面像，外围是希腊文"ΒΑΣΙΛΕΩΣ ΣΩΤΗΡΟΣ
ΜΕΝΑΝΔΡΟΥ"（救世主米南德国王）；背面是雅典娜
女神手持倾斜的神盾和霹雳杖向左站像，两侧是佉卢文
（Kharoshthi）。右下方是普什卡拉瓦提（Pushkalavati）
造币厂印记（图10）。

（4）米南德一世束头带手持剑左侧面像1德拉克马
银币重2.31克，直径19毫米，正面米南德一世束头带，
手持剑左侧面像，外围是希腊文"ΒΑΣΙΛΕΩΣ ΣΩΤΗΡΟΣ
ΜΕΝΑΝΔΡΟΥ"（救世主米南德国王）；背面是雅典娜
女神手持倾斜的神盾和霹雳杖向左站像，两侧是佉卢文
（Kharoshthi）。右下方是普什卡拉瓦提（Pushkalavati）
造币厂印记（图11）。

（5）米南德一世束头带手持剑左侧面像1德拉克
马银币重2.37克，直径18毫米，正面米南德一世戴
脊盔手持剑左侧半身像，外围是希腊文"ΒΑΣΙΛΕΩΣ
ΣΩΤΗΡΟΣ ΜΕΝΑΝΔΡΟΥ"（救世主米南德国王）；背面
是雅典娜女神手持神盾和霹雳杖向左站像，两侧是佉卢
文（Kharoshthi）。右下方是普什卡拉瓦提（Pushkalavati）
造币厂印记（图12）。

图7　米南德一世戴脊盔右侧面像4德拉克马银币

图8　米南德一世束头带手持剑右侧面像1德拉克马银币

图9　米南德一世束头带手持剑左侧面像1德拉克马银币

图10　米南德一世束头带手持剑左侧面像1德拉克马银币

图11　米南德一世束头带手持剑左侧面像1德拉克马银币

图12　米南德一世戴脊盔手持剑左侧半身像1德拉克马银币

（6）米南德一世束头带手持剑左侧面像 1 德拉克马银币重 2.47 克，直径 17 毫米，正面米南德一世束头带右侧面像，外围是希腊文"ΒΑΣΙΛΕΩΣ ΣΩΤΗΡΟΣ ΜΕΝΑΝΔΡΟΥ"（救世主米南德国王）；背面是雅典娜女神手持神盾和霹雳杖向左站像，两侧是佉卢文（Kharoshthi）。右下方是普什卡拉瓦提（Pushkalavati）造币厂印记（图 13）。

图 13　米南德一世束头带右侧面像
1 德拉克马银币

（7）米南德一世束头带手持剑左侧面像 1 德拉克马银币重 2.46 克，直径 16 毫米，正面米南德一世戴脊盔手持剑左侧半身像，外围是希腊文"ΒΑΣΙΛΕΩΣ ΣΩΤΗΡΟΣ ΜΕΝΑΝΔΡΟΥ"（救世主米南德国王）；背面是雅典娜女神手持神盾和霹雳杖向左站像，两侧是佉卢文（Kharoshthi）。右下方是普什卡拉瓦提（Pushkalavati）造币厂印记（图 14）。

图 14　米南德一世戴脊盔手持剑
左侧半身像 1 德拉克马银币

（8）米南德一世束头带手持剑左侧面像 1 德拉克马银币重 2.4 克，直径 17 毫米，正面米南德一世戴脊盔手持剑左侧半身像，外围是希腊文"ΒΑΣΙΛΕΩΣ ΣΩΤΗΡΟΣ ΜΕΝΑΝΔΡΟΥ"（救世主米南德国王）；背面是雅典娜女神手持神盾和霹雳杖向左站像，两侧是佉卢文（Kharoshthi）。右下方是普什卡拉瓦提（Pushkalavati）造币厂印记（图 15）。

图 15　米南德一世戴脊盔手持剑
左侧半身像 1 德拉克马银币

（9）米南德一世束头带手持剑左侧面像 1 德拉克马银币重 2.5 克，直径 17.6 毫米，正面米南德一世戴脊盔手持剑左侧半身像，外围是希腊文"ΒΑΣΙΛΕΩΣ ΣΩΤΗΡΟΣ ΜΕΝΑΝΔΡΟΥ"（救世主米南德国王）；背面是雅典娜女神手持神盾和霹雳杖向左站像，两侧是佉卢文（Kharoshthi）。右下方是塔克西拉（Taxila）造币厂印记（图 16）。

图 16　米南德一世戴脊盔手持剑
左侧半身像 1 德拉克马银币

此外，有一种非常特殊的小银币，重量只有 1.05 克，直径 25 毫米。正面是戴头盔的雅典娜右侧头像，周围是希腊语"ΒΑΣΙΛΕΩΣ ΣΩΤΗΡΟΣ ΜΕΝΑΝΔΡΟΥ"（救世主米南德国王）。背面为猫头鹰和佉卢文，造币厂的印记显示是普什卡拉瓦提（Pushkalavati）造币厂（图 17）。猫头鹰是雅典娜的护身神，它在夜间双目闪亮，是为雅典娜传递消息，

图 17　仿雅典娜猫头鹰像米南德一世小银币

是"智慧"是象征。该银币是模仿发行于公元前 4 世纪的雅典地区的戴阿提卡盔的雅典娜头像和猫头鹰图案的 4 德拉克马银币，只是将阿提卡头盔改成巴克特里亚的脊盔（crestdehelmet）。在希腊—巴克特里亚和印度—希腊的钱币上，首先出现戴脊盔的国王是攸克拉提底斯一世，之后，脊盔也常常戴在米南德一世头上。因此，我们有理由相信米南德打制这样的银币是为了强调自己的希腊雅典血统，也是表明米南德一世是攸克拉提底斯一世的继承者。

二、铜币

米南德一世时期还有大量的铜币存世，这些铜币都是依照印度纪值标准的，而且米南德一世的铜币几乎都是方形或长方形的，这显然是兴都库什山脉南部人所喜欢接受的样式，因为原先这块土地的孔雀王朝和巽加王朝都是打制这样不规则的方形银币。币文的处理也与银币不同，该币正面的希腊文是左上右、左上下或上右下排列，佉卢文分为上下两行、左上右或左上下排列等。图案也较银币的题材丰富，有米南德一世像、雅典娜女神像、赫拉克勒斯头像、蛇发女怪、马、象、棕榈枝、大头棒、牛头、三角祭坛、狮皮、野猪头、法轮等。造币厂有普什卡拉瓦提（Pushkalavati）、潘季希尔（Panjishir，今阿富汗喀布尔东北潘季希尔谷）、塔克西拉（Taxila，今巴基斯坦伊斯兰堡）、迦毕试（Kapisa，今阿富汗喀布尔北部恰里卡尔一带）等处。但是，目前发现的大部分都是普什卡拉瓦提（Pushkalavati）造币厂制造的，铜币图案有一些变化，如：16 查柯铜币是雅典娜和跃马图；8 查柯有雅典娜和跃马图、雅典娜和奈克女神手持棕榈枝站像等；4 查柯铜币有雅典娜和圆盾蛇发女怪头像、雅典娜和圆盾、大象和大头棒、赫拉克勒斯头像和狮子皮、野猪头和棕榈枝等；2 查柯有雅典娜和圆盾蛇发女怪头像、雅典娜和雅典娜女神手持神盾和霹雳杖右站像、雅典娜和奈克女神手持花环站像等；1 查柯只有大象和大头棒一种图案。这显然是与铸造时间和面值有关。

铜币通常作为银币的辅币。米南德一世的铜币也是这样的情况，他们之间的兑换比例是 6 奥波银币等于 1 德拉克马银币。按印度标准，1 德拉克马等于 2.4 克，2.4 除 6 等于 0.4，即 1 奥波等于 0.4 克白银；1 奥波银币等于 8 查柯铜币；1/2 奥波等于 4 查柯铜币，以此类推。

目前发现米南德一世的铜币有 16 查柯、8 查柯、4 查柯、2 查柯、1 查柯、1/2 查柯等几种面值，大约有以下 21 个品种：

（1）16 查柯方形铜币，重 40.63 克，尺寸 29 毫米 ×25 毫米，正面为戴头盔的雅典娜右侧半身像，左上右三面排列希腊文"ΒΑΣΙΛΕΩΣ ΣΩΤΗΡΟΣ ΜΕΝΑΝΔΡΟΥ"（救世主米南德国王）；背面中间一跳跃的马，左上右三面排列佉卢文"maharajasa tratarasa menamdrasa"（救世主米南德国王），右下有一个普什卡拉瓦提（Pushkalavati）造币厂印记。这个是米南德时期发行的最大面值的铜币（图 18）。

图 18　戴头盔雅典娜像 16 查柯方形铜币

（2）8 查柯方形铜币，重 15.17 克，尺寸 23 毫米 ×24 毫米，正面为戴头盔的雅典娜右侧半身像，左上右三面排列希腊文"ΒΑΣΙΛΕΩΣ ΣΩΤΗΡΟΣ ΜΕΝΑΝΔΡΟΥ"（救世主米南德国王）；背面中间一跳跃的马，左上右三面排列佉卢文"maharajasa tratarasa menamdrasa"（救世主米南德国王），右下有一个普什卡拉瓦提（Pushkalavati）造币厂印记。有学者（比如 Bopearachchi）把它列为米南德一世最后一枚铜币，也许是 16 查柯铜币的延续（图 19）。

图 19　戴头盔雅典娜像 8 查柯方形铜币

（3）8查柯方形铜币，重19.98克，尺寸23毫米×24毫米，正面为牛头正面像，左上右三面排列希腊文"ΒΑΣΙΛΕΩΣ ΣΩΤΗΡΟΣ ΜΕΝΑΝΔΡΟΥ"（救世主米南德国王）；背面是三角祭坛，左上右三面排列佉卢文"maharajasa tratarasa menamdrasa"（救世主米南德国王）。下方一个潘季希尔（Panjishir，今阿富汗喀布尔东北潘季希尔谷）造币厂印记（图20）。

图20　牛头三角祭坛8查柯方形铜币

（4）8查柯方形铜币，重14.71克，尺寸26毫米×25毫米，正面为戴头盔的雅典娜右侧半身像，左上右三面排列希腊文"ΒΑΣΙΛΕΩΣ ΣΩΤΗΡΟΣ ΜΕΝΑΝΔΡΟΥ"（救世主米南德国王）；背面奈克女神手持棕榈枝站像，左上右三面排列佉卢文"maharajasa tratarasa menamdrasa"（救世主米南德国王），右下有一个普什卡拉瓦提（Pushkalavati）造币厂印记（图21）。

图21　戴头盔雅典娜像8查柯方形铜币

（5）4查柯方形铜币，重9.4克，尺寸24毫米×22毫米，正面为戴头盔的雅典娜右侧半身像，三面希腊文"ΒΑΣΙΛΕΩΣ ΣΩΤΗΡΟΣ ΜΕΝΑΝΔΡΟΥ"（救世主米南德国王）；背面中间的圆盾，盾中是蛇发女怪头，上下是佉卢文"maharajasa tratarasa menamdrasa"（救世主米南德国王）。右中有一个普什卡拉瓦提（Pushkalavati）造币厂印记。米南德一世的铜币几乎都是长方形的，这显然是兴都库什山脉南部人所偏爱的。币文的处理也与银币不同，该币正面的希腊语是上左下排列，佉卢文分为上下两行（图22）。

图22　戴头盔雅典娜像4查柯方形铜币

（6）4查柯方形铜币，重9.86克，尺寸24毫米×22毫米，正面为戴头盔的雅典娜右侧半身像，三面希腊文"ΒΑΣΙΛΕΩΣ ΣΩΤΗΡΟΣ ΜΕΝΑΝΔΡΟΥ"（救世主米南德国王），呈右上左排列；背面中间的圆盾，上下是佉卢文"maharajasa tratarasa menamdrasa"（救世主米南德国王），右中有一个普什卡拉瓦提（Pushkalavati）造币厂印记（图23）。

图23　戴头盔雅典娜像4查柯方形铜币

（7）4查柯方形铜币，重9.57克，尺寸21毫米×21毫米，正面为持剑的戴头巾的国王头像，上右下三面希腊语"ΒΑΣΙΛΕΩΣ ΣΩΤΗΡΟΣ ΜΕΝΑΝΔΡΟΥ"（救世主米南德国王）；背面呈右上左排列；背面雅典娜女神手持神盾和霹雳杖右站像，上左下三侧是佉卢文"maharajasa tratarasa menamdrasa"（救世主米南德国王），右中有一个塔克西拉（Taxila，今巴基斯坦伊斯兰堡）造币厂印记（图24）。

图24　米南德一世戴头巾像4查柯方形铜币

（8）4 查柯方形铜币，重 11.41 克，尺寸 24 毫米 × 24 毫米，正面为一大象，象头向左，左上右三面排列希腊文"ΒΑΣΙΛΕΩΣ ΣΩΤΗΡΟΣ ΜΕΝΑΝΔΡΟΥ"（救世主米南德国王）；背面中间一个象棒、一个希腊字母 Δ、一个造币厂印记，左上右三面排列佉卢文"maharajasa tratarasa menamdrasa"（救世主米南德国王），该币是普什卡拉瓦提（Pushkalavati）造币厂打制的（图 25）。

图 25　大象图 4 查柯方形铜币

（9）4 查柯方形铜币，重 8.21 克，尺寸 17 毫米 × 17 毫米，正面为一大象，象头向右，左上右三面排列希腊文"ΒΑΣΙΛΕΩΣ ΣΩΤΗΡΟΣ ΜΕΝΑΝΔΡΟΥ"（救世主米南德国王）；背面中间一个象棒、一个造币厂印记，左上右三面排列佉卢文"maharajasa tratarasa menamdrasa"（救世主米南德国王），该币是普什卡拉瓦提（Pushkalavati）造币厂打制的（图 26）。

图 26　大象图 4 查柯方形铜币

（10）4 查柯方形铜币，重 9.69 克，尺寸 22 毫米 × 23 毫米，正面为戴头盔的雅典娜右侧半身像，左上右三面排列希腊文"ΒΑΣΙΛΕΩΣ ΣΩΤΗΡΟΣ ΜΕΝΑΝΔΡΟΥ"（救世主米南德国王）；背面奈克女神手持棕榈枝和花环站像，左上右三面排列佉卢文"maharajasa tratarasa menamdrasa"（救世主米南德国王），右下有一个是迦毕试（Kapisa，今阿富汗喀布尔北部恰里卡尔一带）造币厂印记（图 27）。

图 27　戴头盔雅典娜像 4 查柯方形铜币

（11）4 查柯方形铜币，重 8.38 克，尺寸 22 毫米 × 22 毫米，正面为赫拉克勒斯头像，左上右三面排列希腊文"ΒΑΣΙΛΕΩΣ ΣΩΤΗΡΟΣ ΜΕΝΑΝΔΡΟΥ"（救世主米南德国王）；背面为狮子皮，左上右三面排列佉卢文"maharajasa tratarasa menamdrasa"（救世主米南德国王），左中有一个希腊字母"Γ"，右中是一个普什卡拉瓦提（Pushkalavati）造币厂印记（图 28）。

图 28　赫拉克勒斯头像 4 查柯方形铜币

（12）4 查柯方形铜币，重 6.92 克，尺寸 23 毫米 × 22 毫米，正面为赫拉克勒斯头像，左上右三面排列希腊文"ΒΑΣΙΛΕΩΣ ΣΩΤΗΡΟΣ ΜΕΝΑΝΔΡΟΥ"（救世主米南德国王）；背面为狮子皮，左上右三面排列佉卢文"maharajasa tratarasa menamdrasa"（救世主米南德国王）（图 29）。

图 29　赫拉克勒斯头像 4 查柯方形铜币

（13）4查柯方形铜币，重10.18克，尺寸20毫米×20毫米，正面为野猪头像，左上右三面排列希腊文"ΒΑΣΙΛΕΩΣ ΣΩΤΗΡΟΣ ΜΕΝΑΝΔΡΟΥ"（救世主米南德国王）；背面为棕榈枝，左上右三面排列佉卢文"maharajasa tratarasa menamdrasa"（救世主米南德国王）。左下是一个普什卡拉瓦提（Pushkalavati）造币厂印记（图30）。

图30　野猪头像4查柯方形铜币

（14）2查柯方形铜币，重5.92克，尺寸22毫米×22毫米，正面为戴头盔的雅典娜右侧半身像，右上左为希腊文"ΒΑΣΙΛΕΩΣ ΣΩΤΗΡΟΣ ΜΕΝΑΝΔΡΟΥ"（救世主米南德国王）；背面中间的圆盾，盾中是蛇发女怪头，三面环绕佉卢文"maharajasa tratarasa menamdrasa"（救世主米南德国王）。左下有一个塔克西拉（Taxila，今巴基斯坦伊斯兰堡）造币厂印记（图31）。

图31　戴头盔雅典娜像2查柯方形铜币

（15）2查柯方形铜币，重6.91克，尺寸22毫米×22毫米，正面为戴头盔的雅典娜右侧半身像，右上左为希腊文"ΒΑΣΙΛΕΩΣ ΣΩΤΗΡΟΣ ΜΕΝΑΝΔΡΟΥ"（救世主米南德国王）；背面中间的圆盾，盾中是蛇发女怪头，三面环绕佉卢文"maharajasa tratarasa menamdrasa"（救世主米南德国王）。左下有一个塔克西拉（Taxila，今巴基斯坦伊斯兰堡）造币厂印记。该币有个奇怪的地方，即"ΜΕΝΑΝΔΡΟΥ"中的"Μ"一直面向"ΣΩΤΗΡΟΣ"这个词（图32）。

图32　戴头盔雅典娜像2查柯方形铜币

（16）2查柯方形铜币，重5.76克，尺寸21毫米×20毫米，正面为戴头盔的雅典娜右侧半身像，左上右三面排列希腊文"ΒΑΣΙΛΕΩΣ ΣΩΤΗΡΟΣ ΜΕΝΑΝΔΡΟΥ"（救世主米南德国王）；背面雅典娜女神手持神盾和霹雳杖右站像，左上右三面排列佉卢文"maharajasa tratarasa menamdrasa"（救世主米南德国王），右下有一个普什卡拉瓦提（Pushkalavati）造币厂印记（图33）。

图33　戴头盔雅典娜像2查柯方形铜币

（17）2查柯方形铜币，重5.55克，尺寸20毫米×20毫米，正面为戴头盔的雅典娜半身像，左上右三面排列希腊文"ΒΑΣΙΛΕΩΣ ΣΩΤΗΡΟΣ ΜΕΝΑΝΔΡΟΥ"（救世主米南德国王）；背面是奈克女神手持花环站像，下方有一个字母"Β"，一个塔克西拉造币厂印记，左上右三面排列佉卢文"maharajasa tratarasa menamdrasa"（救世主米南德国王）（图34）。

图34　戴头盔雅典娜像2查柯方形铜币

（18）1查柯方形铜币，重1.97克，尺寸14毫米×14毫米，正面为大象头，左上右三面排列希腊文"ΒΑΣΙΛΕΩΣ ΣΩΤΗΡΟΣ ΜΕΝΑΝΔΡΟΥ"（救世主米南德国王）；背面是一棍棒，左上右三面排列佉卢文"maharajasa tratarasa menamdrasa"（救世主米南德国王）。下方一个普什卡拉瓦提（Pushkalavati）造币厂印记和一个字母"A"（图35）。

图35　象头1查柯方形铜币

（19）1查柯方形铜币，重2.57克，尺寸15毫米×15毫米，正面为大象头，左上右三面排列希腊文"ΒΑΣΙΛΕΩΣ ΣΩΤΗΡΟΣ ΜΕΝΑΝΔΡΟΥ"（救世主米南德国王），象头下有一个字母"A"；背面是一棍棒，左上右三面排列佉卢文"maharajasa tratarasa menamdrasa"（救世主米南德国王）。下方一个造币厂印记（图36）。

图36　象头1查柯方形铜币

（20）1查柯方形铜币，重2.72克，尺寸15毫米×16毫米，正面为大象头，左上右三面排列希腊文"ΒΑΣΙΛΕΩΣ ΣΩΤΗΡΟΣ ΜΕΝΑΝΔΡΟΥ"（救世主米南德国王）；背面是一棍棒，左上右三面排列佉卢文"maharajasa tratarasa menamdrasa"（救世主米南德国王）。下方一个普什卡拉瓦提（Pushkalavati）造币厂印记（图37）。

图37　象头1查柯方形铜币

（21）1/2查柯方形铜币，重1.57克，尺寸12毫米×12毫米，正面为法轮，左上右三面排列希腊文"ΒΑΣΙΛΕΩΣ ΣΩΤΗΡΟΣ ΜΕΝΑΝΔΡΟΥ"（救世主米南德国王）；背面为棕榈枝，左上右三面排列佉卢文"maharajasa tratarasa menamdrasa"（救世主米南德国王）。左下有一个造币厂印记。大英博物馆藏（图

图38　法轮1/2查柯方形铜币

38）。这件铜币图案非常特殊，中间法论包含有佛教的元素，也是印度的象征符号，更可以解释为他对佛法的接受。米南德是佛教的赞助人，他与佛教圣人Nagasena的对话被记录在重要的佛教著作 Milinda Panha 中。因此，在钱币中使用佛教元素的图案也是合乎情理的。

三、结语

米南德一世的钱币有着鲜明的时代和地域特色：

其一，其铸造的大部分银币是采用本地的币值标准，即1德拉马克等于2.4克，是和当地长期流通的印度印记钱的重量非常接近。而且，铜币采用方形也是保留了印度印记钱的样式。

其二，这时期的钱币都采用双语币文，正面是希腊文，背面是佉卢文（Arakrit），是印度西北部的一种印度语方言的译文，用佉卢文书写。这些钱币的种种变化显然是为了方便当地

公元前235~前200年，背面是赫拉克勒斯持大头棒面左坐像（图3）。国王攸赛德莫斯二世的4德拉克马银币，公元前200~前190年，背面是赫拉克勒斯左手持大头棒和狮皮右手持加冕花环站像（图4）。国王米南德一世的1查卡铜币，公元前155~前130年，背面中间是单独的大头棒（图5）。

图3　攸赛德莫斯一世4德拉克马银币
公元前235~前200年。正面国王束头带面右头像；背面赫拉克勒斯持大头棒面左坐像，左右希腊文"攸赛德莫斯国王"。

图4　攸赛德莫斯二世4德拉克马银币
公元前200~前190年。正面国王束头带面右胸像；背面赫拉克勒斯左手持大头棒和狮皮，右手持加冕花环站像，左右希腊文"攸赛德莫斯国王"。

图5　米南德一世1查卡铜币
公元前155~前130年。正面系铃象首像，外圈希腊文"救世主米南德国王"；背面是大头棒（赫拉克勒斯），外圈佉卢文"米南德国王"。

　　最早出现在贵霜钱币上的大头棒，是丘就却国王（约公元50~90年）打造的4德拉克马铜币背面：中间是赫拉克勒斯站像，右手握大头棒，左手拿狮皮（图6）。犍陀罗石刻的赫拉克勒斯形象，右手提握大头棒，左手拿狮子皮（图7）。

图6　丘就却4德拉克马铜币
约公元50~90年。正面国王束头带面右胸像，外圈希腊文"贵霜丘就却"；背面赫拉克勒斯右手持大头棒，左手拿狮皮站像，外圈佉卢文"丘就却，贵霜翕侯，坚信法"。

图7　赫拉克勒斯雕像，美国大都会博物馆藏品

　　在威玛·卡德菲西斯国王（约公元110~127年）之前的中亚钱币上所表现出的大力神或他的代表物大头棒，都是独立出现在钱币的一面，意为君权神授。而威玛·卡德菲西斯国王在钱币上的形象是手握大头棒肩部放射出火焰的造型，表示着威玛·卡德菲西斯国王已将自己神格化，是大力神赫拉克勒斯的化身。2第纳尔金币，正面国王肩扛大头棒盘腿面右坐像，双肩放射出火焰，背面持三叉戟面左裸身的湿婆及神牛（图8）。1第纳尔金币，正面国王右手举大头棒左手握剑柄面左半身像，单肩放射出火焰，背面湿婆持三叉戟面左裸身站像，外圈佉卢文（图9）。4德拉克马铜币，正面国王面左站像，币面右侧是斜放的大头棒，背面是持三叉戟裸身的湿婆及神牛像，外圈佉卢文（图10）。

图8　威玛·卡德菲西斯2第纳尔金币
约公元110~127年。正面国王肩扛大
头棒盘腿坐面右像，双侧焰肩；背面是
持三叉戟面左裸身的湿婆及神牛，外
圈佉卢文。

图9　威玛·卡德菲西斯1第纳尔金币
约公元110~127年。正面国王右手
举大头棒半身面左像，单侧焰肩；背
面湿婆持三叉戟面左裸身站像，外圈
佉卢文。

图10　威玛·卡德菲西斯4德拉克马
铜币
约公元110~127年。正面国王面左站
像，币面右侧是大头棒；背面是持三叉
戟裸身的湿婆及神牛像，外圈佉卢文。

胡维斯卡国王时期（约公元152~192年），钱币正面国王形象是模仿威玛·卡德菲西斯国王的造型，也将自己神格化，手握大头棒成为，大力神的化身。其早期铸币上的形象是戴圆顶王冠，右手握大头棒，有焰肩，没有头光。中后期的铸币的国王形象改变明显，戴尖顶王冠，右手握已经抽象化的大头棒，有焰肩，有圆形的头光，国王形象完全神化。胡维斯卡时期打造的金币和铜币背面有各种神像，包括大力神像和大头棒。

1第纳尔金币，正面胡维斯卡国王戴圆顶冠右手持大头棒半身面左像，右肩放射出火焰，背面是太阳神"米罗"像（图11）。

1第纳尔金币，正面胡维斯卡国王戴尖顶冠右手持大头棒半身面左像，有头光，右肩放射出火焰，背面是月神"玛奥"像（图12）。

1第纳尔金币（大英博物馆藏），正面胡维斯卡国王戴圆顶冠右手持大头棒盘腿坐像，双肩放射出火焰，有头光，背面大力神右手提握大头棒左手拿狮子皮站像，右侧贵霜文意为"赫拉克勒斯"（图13）。

图11　胡维斯卡1第纳尔金币
约公元152~192年。正面国王戴圆
顶冠持大头棒半身面左像，单侧焰肩；
背面米罗（太阳神）像。

图12　胡维斯卡1第纳尔金币
约公元152~192年。正面国王戴尖
顶冠持大头棒半身面左像，单侧焰肩，
有头光；背面玛奥（月神）像。

图13　胡维斯卡1第纳尔金币
约公元152~192年。正面国王戴尖顶冠
持大头棒盘腿坐像，双侧焰肩，有头光；
背面赫拉克勒斯站像。大英博物馆藏。

1标准铜币，重11.2克，正面胡维斯卡国王骑大象右行像，背面大力神右手端持大头棒左手拿狮子皮站像（图14）。

1标准铜币，重11克，正面胡维斯卡国王骑象右行像，背面赫拉克勒斯右手提握大头棒左手拿狮子皮站像（图15）。

胡维斯卡国王之后历任国王的铸币上的宗教神像逐渐单一起来，再没有出现大力神赫拉克勒斯和大头棒的造型。

图 14　胡维斯卡 1 标准铜币
约公元 152~192 年。正面国王骑象右
行像；背面赫拉克勒斯右手端持大头
棒左手拿狮子皮站像。

图 15　胡维斯卡 1 标准铜币
约公元 152~192 年。正面国王骑象右
行像；背面赫拉克勒斯右手提握大头
棒左手拿狮子皮站像。

二、三叉戟

三叉戟最初的原型就是海边渔民的捕鱼工具三尖鱼
叉，希腊神话中海神波塞冬的武器就是三叉戟。波塞冬
挥舞三叉戟可掀起滔天巨浪、风暴海啸，还可使陆地沉没、
天崩地裂，三叉戟是海神波塞冬的象征（图 16）。巴克
特里亚王朝国王安蒂马柯斯一世（公元前 190~前 180 年）
的 4 德拉克马银币背面就是波塞冬的形象，钱币正面是
国王戴平顶帽面右胸像，背面中间是海神波塞冬右手持
三叉戟左手握棕榈枝正面站像，左右希腊文"圣神的安
蒂马柯斯国王"（图 17）。

图 16　波塞冬雕像

贵霜王朝威玛·卡德菲西斯国王（约公元 110~127
年）打制钱币的背面出现了一位神祇"奥索"，关于奥
索形象的来源主要是印度教的主神"希瓦"，就是湿婆。
其形象裸体、勃起的阴茎、三头四臂、身后有瘤牛等。
印度教形成于公元 2 世纪左右，这时六派哲学体系渐成，
它综合了各种宗教，主要是婆罗门教信仰产生出来的一
个新教。印度教也信仰多神，但在多神中以梵天、毗湿奴、
湿婆三神为主神。在湿婆的形象中有诸多法器，但在公
元 2 世纪初之前的湿婆神像上没有三叉戟的出现。非常
有趣的是，在更早成书的《湿婆往世书》中，湿婆的武

图 17　安蒂马柯斯一世 4 德拉克马银币
公元前 190~前 180 年。正面国王戴扁
平帽面右胸像，背面是海神波塞冬右
手持三叉戟，左手握棕榈枝正面站像，
左右希腊文"圣神的安蒂马柯斯国王"。

器之一"比纳迦"被解释为一把长弓，而公元 2~3 世纪以后湿婆手中的三叉戟叫"比那卡"，
是同一名称，所以三叉戟是 2 世纪初出现在湿婆神手中的。这件武器的出现，正是希腊化的巴
克特利亚王朝统治的文化影响，是源于希腊神话海神波塞冬。最终三叉戟成为湿婆神的法器
之一（图 18）。

从威玛·卡德菲西斯国王将三叉戟打制在钱币上之后，历任国王钱币的正面都有三叉戟
出现，成为定式。威玛·卡德菲西斯 1 第纳尔金币，正面国王持大头棒半身面右像，外圈希腊文，
背面湿婆持三叉戟面左裸身站像，外圈佉卢文（图 19）。伽腻色迦一世（约公元 127~152 年）

1第纳尔金币，正面国王戴尖顶帽给熏香炉加放香料像，背面奥索站像，一手斜持三叉戟，右侧贵霜文"奥索"（图20）。胡维斯卡1第纳尔金币，正面是国王持三叉戟及象钩骑大象右行像，背面奥索站像，一手斜持三叉戟，贵霜文"奥索"（图21）。婆苏·提婆一世（公元192～237年）1第纳尔金币，正面是国王左手持三叉戟右手给熏香炉加放香料像，国王有头光，熏香炉旁立有三叉戟，背面持三叉戟的奥索和神牛，贵霜文"奥索"（图22）。这枚钱币的正背面一共出现了3件三叉戟。伽腻色迦二世的1第纳尔金币，正面是国王持三叉戟给熏香炉加放香料像，熏香炉旁立有三叉戟，背面持三叉戟的奥索和神牛，贵霜文"奥索"（图23），正背面图案完全照搬婆苏·提婆一世。婆苏·提婆二世（约公元270～300年）1第纳尔金币，正面是国王左手握权杖右手给熏香炉加放香料像，熏香炉旁立有三叉戟，背面没有了奥索像，换成阿多赫索右手持加冕束发带左手捧丰饶角坐像（图24）。这之后的几任国王钱币图案没有新的变化，基本照搬婆苏·提婆二世钱币的样式。

图18　湿婆施无畏印盘坐像
身后左侧是三叉戟和达玛鲁（小鼓），右侧是圣水瓶。

图19　威玛·卡德菲西斯1第纳尔金币
约公元110～127年。正面国王持大头棒半身面右像，外圈希腊文；背面湿婆持三叉戟面左裸身站像，外圈佉卢文。

图20　伽腻色迦一世1第纳尔金币
约公元127～152年。正面国王戴尖顶帽给熏香炉加放香料像；背面奥索像。

图21　胡维斯卡1第纳尔金币
约公元152～192年。正面国王持三叉戟及象勾骑象右行像；背面奥索（湿婆）像。

图22　婆苏·提婆一世1第纳尔金币
公元192–237年。正面国王持三叉戟给熏香炉加放香料像，熏香炉旁有三叉戟；背面持三叉戟奥索和神牛。

图23　伽腻色迦二世1第纳尔金币
约公元237～240年。正面国王持三叉戟给熏香炉加放香料像；背面持三叉戟奥索和神牛。

图24　婆苏提婆二世1第纳尔金币
约公元270～300年。正面国王给熏香炉加放香料像；背面阿多赫索（丰饶女神）右手持加冕束发带，左手捧丰饶角坐像。

三、狮子皮

希腊神话中，大力神赫拉克勒斯杀死了巨狮尼密阿，剥下巨狮的皮披在身上当盔甲，用巨狮的头做头盔（图25）。亚历山大三世（公元前336~前323年）4德拉克马银币，正面就是赫拉克斯戴狮皮头盔头像，背面是宙斯坐像（图26）。

贵霜王朝丘就却国王打制的4德拉克马铜币，背面就是大力神赫拉克勒斯站像，其右手握大头棒，左手拿的就是巨狮皮。

威玛·卡德菲西斯的1第纳尔金币，正面国王扛大头棒半身面右像，背面奥索右手持三叉戟左臂挂巨狮皮面左站像，外圈佉卢文（图27）。奥索的形象及神格直接来源于湿婆，经过嫁接的湿婆神的形象这时又多了一件法器，就是大力神的战利品——巨狮皮。贵霜王朝时期的石榴石雕刻戒指面，径14.2~15.8毫米，湿婆面右站像，右手持三叉戟，左手拿狮皮，外圈为佉卢文（图28）。

从伽腻色迦一世开始，之后国王打制的钱币上，在表现湿婆的形象时巨狮皮再没有出现。

图25 赫拉克勒斯雕像

图26 亚历山大三世
4德拉克马银币

图27 威玛·卡德菲西斯1第纳尔金币
约公元110~127年。正面国王持大头棒半身面右像。背面奥索手持三叉戟面左站像，左手挂巨狮皮，外圈佉卢文。

图28 贵霜时期石榴石雕刻戒指面
湿婆面右站像，右手持三叉戟，左手拿狮皮，外圈为佉卢文。

四、丰饶角

丰饶角是提喀女神手捧之物。希腊神话中，提喀是命运女神，掌管幸运和繁荣，也是守护女神。丰饶角的形象为装满鲜花和果物的羊角，代表丰收、富饶、和平、幸运（图29）。亚历山大三世死后，他的部下塞琉古在中西亚建立了希腊化的塞琉古王朝，历任国王都打制发行了希腊化的钱币。塞琉古王朝德米特里乌斯一世（公元前161~前150年）的4德拉克马银币，正面国王束头带面右头像，背面提喀女神一手持丰饶角一手持杖面左坐像，椅下是小海神特里同，左右希腊文"德米特里乌斯国王"（图30）。

图29 提喀女神雕像

贵霜王朝打制的金、铜币上也有一个女神手捧丰饶角，女神像旁贵霜文"阿多赫索"，阿多赫索女神是贵霜王朝皇室的好运和丰饶之神，形象和神格与希腊提喀女神基本一致。阿多赫索女神在前期的形象基本都是站像，面向左或右，手捧丰饶角。大英博物馆藏伽腻色迦一世1第纳尔金币，正面国王戴翻沿帽给熏香炉加放香料像，背面阿多赫索女神手捧丰饶角面右站像，有头光，左侧贵霜文"阿多赫索"（图31）。胡维斯卡1第纳尔金币，正面国王戴尖顶冠持大头棒半身面左像，背面丰饶女神手捧丰饶角面左站像，右侧贵霜文"阿多赫索"（图32）。

图30 德米特里乌斯一世4德拉克马银币
公元前161~前150年。正面国王束头带面右头像；背面提喀女神一手持丰饶角，一手持杖面左坐像，椅下是小海神特里同，左右希腊文"德米特里乌斯国王"。

伽腻色迦二世（约公元237~240年）开始，钱币背面丰饶女神换为坐姿，正面垂足坐在较大的宝座上，脚下有圆形踏垫，有头光。伽腻色迦二世1第纳尔金币，正面国王着戎装给熏香炉加放香料像，背面丰饶女神右手持加冕束发带左手捧丰饶角坐像，右侧贵霜文"阿多赫索"（图33）。伽腻色迦三世（约公元250~270年）1第纳尔金币，正面国王着戎装给熏香炉加放香料像，背面丰饶女神右手持加冕束发带左手捧丰饶角坐像，这

图31 伽腻色迦一世1第纳尔金币
约公元127~152年。正面国王戴翻沿帽给熏香炉加放香料像；背面丰饶女神手捧丰饶角面右站像。大英博物馆藏。

时钱币右侧已没有贵霜文来标注丰饶女神的名字（图34）。之后的婆苏·提婆二世（约公元270~300年）、沙卡（约公元300~340年）、卡普纳达（约公元340~360年）等贵霜王钱币背面没有改变设计，照搬伽腻色迦三世的内容。

图32 胡维斯卡1第纳尔金币
约公元152~192年。正面国王戴尖顶冠持大头棒半身面左像；背面丰饶女神面左站像。

图33 伽腻色迦二世1第纳尔金币
约公元237~240年。正面国王着戎装给熏香炉加放香料像；背面丰饶女神右手持加冕束发带，左手捧丰饶角坐像。

图34 伽腻色迦三世金币
约公元250~270年。正面国王着戎装给熏香炉加放香料像；背面丰饶女神右手持加冕束发带，左手捧丰饶角坐像。

希腊的提喀女神（丰饶女神）在中亚及北印度地区改名阿多赫索（丰饶女神）扎根后，形象逐渐东方化。在这个过程中与印度教、佛教相互借鉴融合，影响了贵霜王朝及后来的笈多王朝，成为后来的富饶、好运之神拉克什米，也称为吉祥天女。健陀罗地区的石刻造像中有一件吉祥天女雕像，右手拿一支莲花，左手捧丰饶角（图35）。笈多王朝国王萨摩陀罗笈多（公元335~380年）1第纳尔金币，正面国王右手给祭坛熏香炉加放香料，左手持矛面左站像；背面吉祥天女正面垂足坐像，吉祥天女右手拿加冕束头带，左手捧丰饶角，右侧婆罗迷文"英

图35　健陀罗石雕像，吉祥天女

勇国王"（图36）。但到笈多王朝禅达笈多二世时钱币背面的吉祥天女从垂足坐改为印度式盘腿坐，右手的丰饶角变成一朵盛开的莲花，此时已完全印度化。禅达笈多二世（公元380~414年）1第纳尔金币，正面国王左手持弓右手握箭面左站像，背面吉祥天女盘腿坐于莲花座上，右手拿加冕束发带，左手拿一支盛开的莲花，右侧婆罗迷文"斯里勇士"（图37）。在新疆尼雅遗址出土过一片残破的印花棉布（图38），在左边方框内印有一位半身赤裸，头后有光环，双手捧丰饶角丰腴的女性形象。这件印花丰饶女神像已明显东方化，专家定年代约公元2~3世纪。这是在最东边发现的丰饶女神的形象了，这件印花棉布应该是从中亚贸易来的，不是本地的产物。

图36　萨摩陀罗笈多1第纳尔金币
公元335~380年。正面国王右手给熏香炉加放香料，左手持矛面左站像。背面吉祥天女正面坐像，右侧婆罗迷文。

图37　禅达笈多二世1第纳尔金币
公元380~414年。正面国王左手持弓，右手握箭面左站像。背面吉祥天女盘腿坐于莲花座上。

图38　新疆尼雅遗址出土的印花棉布

五、霹雳

古希腊神话中，众神之王宙斯手持独眼巨人为其打造的霹雳，维护天地间的秩序。霹雳也是宙斯的权利象征（图39）。贵霜王朝之前，希腊化时期巴克特里亚王朝钱币的背面有各种希腊神话神像。巴克特里亚王朝米南德一世（公元前155~前130年）4德拉克马银币，正面国王束头带右手持矛面左胸像，外圈希腊文；背面雅典娜右手握霹雳、左手持神盾左行像，外圈佉卢文"米南德国王"（图40）。印度西北部的印度塞克王朝也打制发行了背面有各种希腊神像的希腊化钱币，如阿泽斯一世（公元前57~前35年）4德拉克马银币，正面国王持矛骑马右行像，外圈希腊文；背面宙斯一手握权杖一手持霹雳站像，外圈佉卢文"王中之王阿泽斯"（图41）。

之后的贵霜王朝钱币上也出现了霹雳这件希腊神话中武器。胡维斯卡国王（约公元152~192年）1第纳尔金币，正面国王戴圆顶冠右手持大头棒左手扛握长矛面左半身像，背面三头四臂奥索站像，奥索右上手持霹雳，右下手提圣水罐，左上手握三叉戟，左下手提大头棒，右边贵霜文"奥索"。这枚金币背面的"奥索"神像三头四臂是湿婆的形象，但手持的四件法器中有三件又是希腊神话中的武器，是典型的文化融合的产物（图42）。

图39　宙斯雕像

图40　米南德4德拉克马银币
公元前155~前130年。正面国王束头带右手持矛面左胸像，外圈希腊文。背面雅典娜手持霹雳及神盾左行像，外圈佉卢文"米南德国王"。

图41　阿泽斯一世4德拉克马银币
公元前57~前35年。正面国王持矛骑马右行像，外圈希腊文。背面宙斯一手握权杖，一手持霹雳站像，外圈佉卢文"王中之王阿泽斯"。

图42　胡维斯卡1第纳尔金币
约公元152~192年。正面国王戴圆顶冠持大头棒半身面左像；背面三头四臂奥索站像。大英博物馆藏。

在佛教诸多法器中有一件叫金刚杵，又叫降魔杵。相传是帝释天用仙逝的钦骆的骨骼制成。因其锋利坚固，能击破各种物质，故名金刚杵。在佛教密宗中，金刚杵象征着所向无敌、无坚不摧的智慧和真如佛性，可斩断一切烦忧、摧毁各色恶魔。但金刚杵与希腊神话中的霹雳无论是外形还是内涵都出奇地一致，特别是早期的金刚杵和霹雳几乎一模一样，说明金刚杵源于霹雳（图43~45）。公元13世纪以前金刚杵两头的几个尖都是分开的，有3股、5股、9股之分，大约公元14世纪以后金刚杵两头的几个尖逐渐合拢，金刚杵还出现在察合台汗国的钱币上（图46~48）。

图 43　金刚杵（公元 9~10 世纪）

图 44　金刚杵（公元 11~13 世纪）

图 45　金刚杵（公元 13~14 世纪）

图 46　察合台汗国 1 第纳尔银币
塔尔麻失里汗（公元 1326~1333 年）

图 47　金刚杵（公元 18 世纪）

图 48　金刚杵（公元 16~17 世纪）

六、圣水罐和达玛鲁

　　湿婆是印度教三大主神之一，兼具生殖与毁灭、创造与破坏双重性格，有着多种形象，主要有恐怖相、温柔相、三面相、林伽相、舞王相等。湿婆施无畏印盘坐像，身后左侧是三叉戟和达玛鲁（小鼓），右侧是圣水瓶（图18）。四臂湿婆，一手握三叉戟，一手举达玛鲁（小鼓），一手托火盆，身后是神牛"南迪"（图49）。在这些形象中，湿婆有两件法器，一是圣水罐，一是达玛鲁（小鼓）。圣水罐原是梵天的神器，里面的水代表万物初始、涵盖一切。水罐就是万物初始状态的承载，水罐里装的就是宇宙太古之初能够诞生出金胎的初始之水。达玛鲁是一种沙漏形的小鼓，湿婆经常握在手里或挂在三叉戟上。它代表宇宙的声音，当摇动达玛鲁鼓时，它会产生不同的声音，节奏伴随着湿婆的舞蹈，就是宇宙的脉动。鼓声是从寂静中发出

图 49　四臂湿婆
一手握三叉戟，一手举达玛鲁（小鼓），
一手托火盆，身后是神牛"南迪"。

图80 恒河祭祀仪式中的祭司

图81~82 伽腻色迦一世1第纳尔金币"放香料"图案

图83~84 婆苏·提婆一世1第纳尔金币"放香料"图案

图85 伽腻色迦二世1第纳尔金币
"放香料"图案

图86 沙卡1第纳尔金币
"放香料"图案

图87 卑路斯一世贵霜沙金币
"放香料"图案

图 88　霍尔姆兹一世贵霜沙金币　　　图 89　巴赫兰一世贵霜沙金币　　　图 90　巴赫兰二世贵霜沙金币
　　　　　"放香料"图案　　　　　　　　　　"放香料"图案　　　　　　　　　　"放香料"图案

　　贵霜王朝钱币正背面的图案设计受到希腊、波斯、印度的影响，所以表现出的人物形象和器具明显有具有这三大文化的特征，有直接使用，也有加以改造使用，总之其文化融合的特征非常显著。希望此文抛砖引玉对今后贵霜研究有所帮助。

参考文献

1.《中亚文明史》第二卷、第三卷，中国对外翻译出版公司，2002 年。

2.王治来：《中亚通史·古代卷（上）》，新疆人民出版社，2007 年。

3.刘建、朱明忠、葛维钧：《印度文明》，中国社会科学出版社，2004 年。

4.李铁生：《古中亚币》《印度币》《古希腊币》，北京出版社，2006 年。

5.林梅村：《贵霜帝国的万神殿》，《丝绸之路古国钱币暨丝路文化国际学术研讨会论文集》，上海书画出版社，2011 年。

6.杜维善：《贵霜帝国之钱币》，上海古籍出版社，2012 年。

7.迈克尔·米奇纳：《东方硬币及其价值——古代与古典世界（公元前 600～公元 650 年）》，（伦敦）霍金斯出版社，1978 年。

8.《边疆考古》（2004）第二卷，"贵霜时期钱币目录"，巴基斯坦白沙瓦博物馆。

9.《边疆考古》，"白沙瓦博物馆一百周年纪年（2006）"，巴基斯坦白沙瓦博物馆。

10.《新疆文物古迹大观》，新疆美术摄影出版社，1999 年。

11.《上海博物馆——丝绸之路古代国家钱币》，上海书画出版社，2006 年。

12.G.K.Jenkins：《古希腊硬币》，（伦敦）威尔特郡出版社，1990 年。

13.威尔·杜伦：《东方的文明（上）》，青海人民出版社，1998 年。

14.艾哈默德·哈桑·达尼：《历史之城塔克西拉》，中国人民大学出版社，2005 年。

15.罗伯特·比尔：《藏传佛教象征符号与器物图解》，中国藏学出版社，2014 年。

贵霜金银币综述

魏祝挺

贵霜王朝勃兴于公元 1 世纪中期，亡于 5 世纪前期，全盛时期疆界西及咸海，东至葱岭，南连印度河和恒河流域广大地区，与东西方国家的商贸十分活跃。贵霜铸币量大质佳，影响持久而广泛，具有很强的特色，又有极大的包容性，在世界古钱币史上独树一帜。

贵霜王朝金银币采用西方打压法制作，其正面图案一般为盛装或戎装国王像，背面图案一般为贵霜人信仰中的诸神祇。钱币上的早期铭文采用佉卢文、希腊文、希腊文、大夏文字，后期出现婆罗米文。其文字同国王与众神的形象一一对应，使得我们能够在一千多年后仍能有幸目睹贵霜王朝诸国王和诸神的威严。

笔者现将贵霜各时期的金银币约 20 种，按照时代顺序依次介绍，并试讨论其所反映的特点。

1. 大月氏时期（公元前 1 世纪初）

贵霜原为大月氏的五翕侯之一。早在大月氏时期的巴克特里亚地区，即已发行阿提卡制本位的银币，说明了游牧民族大月氏对巴克特里亚地区希腊文化的接受。这类银币往往剪边，具有游牧民族的特点（图 1）。

图 1　1/2 德拉克马银币
正面：国王头像。国王戴脊盔，面朝右方。外圈希腊文，音译"阿格希利斯"。
背面：狮子像。狮子朝右站立，上有月纹。左右均有希腊文"娜娜亚"。

2. 丘就却统治时期（约公元 50~90 年）

丘就却是贵霜王国的实际创立者。其铸币的本位和类型基本上沿用了大月氏时期的本位和类型，只是在铭文和图像上加以变化。在统一巴克特里亚的过程中，他起初发行保持了阿提卡制本位的赫尔梅奥斯型银币，银币正面头像侧面向右，形状特别，带有独特的头饰和领纹。丘就却后期废除阿提卡制，贵霜政权向建立单一化的稳定本位体系发展（图 2）。

图 2　4 德拉克马银币
正面：丘就却头像。国王束头带，面朝右方。
背面：丘就却骑马像。国王骑马右行，身后奈克女神为其加冕。外圈希腊文"伟大的国王贵霜翕侯"，马腿间希腊文"塞克"。

3.威玛·卡德菲西斯统治时期（约公元110~127年）

威玛·卡德菲西斯在位时，正是贵霜帝国的鼎盛时期。威玛引入了一项重要的革新，即直接用黄金打制高价值的通用货币，以取代传统的银币。对黄金的大量使用，意味着贵霜帝国作为中国和罗马帝国贸易的中间商，已经取得了丰厚的商业回报。其金币数量多，制作工艺精美，图案设计恢宏，风格独特，体现了帝国强盛时期的权力威严。国王形象具有典型的贵霜王国特征：体形粗大，脸形宽阔，高颧骨，大鼻子，脸颊上似有小肉瘤。值得一提的是，这一时期的金币背面上只铸有印度湿婆神，而没有希腊诸神。币型有2第纳尔、1第纳尔、1/4第纳尔的金币，其中2第纳尔的金币十分罕见（图3~6）。

图3 2第纳尔金币

正面：威玛·卡德菲西斯像。国王身着大衣皮靴，脑后有飘带，坐在一个低矮带垫的带腿王座上，双脚则抵在一个矮凳上。右手边竖立着赫拉克勒斯狼牙棒。右肩上有火焰纹。外圈希腊文"威玛·卡德菲西斯国王"。

背面：湿婆像。湿婆面朝左，发梢竖起，裸身站立，右手持三叉戟，裸身立于神牛之前，神牛面向右。左上有徽记。外圈佉卢文铭文"伟大的国王 王中之王 世界之主 伟大的主 威玛·卡德菲西斯 救星"。

图4 1第纳尔金币

正面：威玛·卡德菲西斯半身像。国王戴王冠，脑后有飘带，满脸络腮胡须，面朝右。他身披一件紧身长袍，火焰从他的左肩涌现。国王右手执赫拉克勒斯狼牙棒，浮现于山峰和祥云之上，被赋予了神性。外圈希腊文"威玛·卡德菲西斯国王"。

背面：湿婆立像。湿婆面朝左而发梢竖起，裸身站立，右手持三叉戟，左手披狮皮。左右各有徽记。外圈佉卢文铭文"伟大的国王 王中之王 世界之主 伟大的主 威玛·卡德菲西斯 救星"。

图5 1第纳尔金币

正面：威玛·卡德菲西斯半身像。国王戴王冠，脑后有飘带，满脸络腮胡须，面朝左。他身披一件紧身长袍，火焰从他的右肩涌现。国王右手执赫拉克勒斯狼牙棒，左手持象钩，浮现于山峰和祥云之上。外圈希腊文"威玛·卡德菲西斯国王"。

背面：湿婆立像。湿婆面朝左，发梢竖起，裸身站立，右手持三叉戟，左手披狮皮。左右各有徽记。外圈佉卢文铭文"伟大的国王 王中之王 世界之主 伟大的主 威玛·卡德菲西斯 救星"。

图6 1/4第纳尔金币

正面：位于方框内的维玛·卡德菲西斯头像。国王头戴王冠，脑后有飘带，胡须茂密，面右。外圈希腊文"威玛·卡德菲西斯国王"。

背面：中央为三叉戟，左侧国王徽记，右侧神牛徽记。外圈佉卢文"伟大的国王 王中之王 威玛·卡德菲西斯"。

4.伽腻色迦一世（约公元127~152年）

伽腻色迦一世是贵霜帝国历史上著名的君王。在他的领导下，贵霜帝国更加强盛。由于希腊、印度、波斯三种文化深入交融，加之国王对各宗教十分宽容，金币背面上开始出现贵霜化的希腊、伊朗、印度诸神。同时，伽腻色迦一世是第一位在钱币正面帝王头像上印有光环的皇帝，以此来彰显自己神圣的地位和身份。在他的金币上，虽铸有贵霜人信奉的祆教祭坛，但是佛像和希腊罗马的太阳神火神、月亮神，以及印度教的湿婆等神像，也都在钱币上出现过（图7、8）。

图7　1第纳尔金币

正面：迦腻色伽一世立像。国王站在一个小型祭坛旁进行祭拜。他头戴宽边翻沿圆帽，脑后有飘带，身穿长袍，右肩有火焰纹，左腰佩剑。右手执象钩，左手握长矛。满脸络腮胡，类似威玛。外圈贵霜文"王中之王　贵霜王　迦腻色伽"。

背面：太阳神米罗立像。太阳神有太阳图案头光，面左站立，穿披风，左手握剑柄，右手前伸。右侧为贵霜文"米罗"，左侧为国王徽记。

图8　1第纳尔金币

正面：迦腻色伽一世立像。国王站在一个小型祭坛旁进行祭拜。他头戴宽边翻沿圆帽，脑后有飘带，身穿长袍，右肩有火焰纹，左腰佩剑。右手执象钩，左手握长矛。满脸络腮胡，类似威玛，颊稍有赘肉。外圈贵霜文"王中之王　贵霜王　迦腻色伽"。

背面：月亮神玛奥立像。月亮神有月亮图案头光，面左站立，穿披风，左腰佩剑，左手持权杖，右手前伸。右侧为贵霜文"玛奥"，左侧为国王徽记。

5.胡维色迦一世（约公元152~192年）

胡维色伽一世在位期间，贵霜金币图案变得更为复杂，其艺术性也达到一个新的高度。金币的正面图案，有时把他描绘成一个手持武器的武士，有时描绘成一个头戴王冠、身披宽袍、手持权杖的最高统治者。他脸颊上长有一个奇怪的肉赘，这很可能是一种官方的印记，以显示血统的纯正。其金币背面诸神则同迦腻色迦一世一样，十分复杂（图9~13）。

图9　1第纳尔金币

正面：胡维色伽一世半身像。国王戴圆顶冠，脸颊有肉赘，脑后有飘带。身穿长袍，面朝右方。右手持权杖，左手持象钩。外圈贵霜文"王中之王　贵霜王　胡维色伽"。

背面：太阳神米罗立像。太阳神有太阳图案头光，面左站立，穿披风，左手握剑柄，右手前伸。右侧为贵霜文"米罗"，左侧为国王徽记。

图10　1第纳尔金币

正面：胡维色伽一世半身像。国王戴圆顶头盔，有护耳，面朝左。身穿长袍，领部环绕着装饰精美的项圈。右肩有火焰纹，右手执权杖，左手执象钩。外圈贵霜文"王中之王　贵霜王　胡维色伽"。

背面：月亮神玛奥立像。月亮神有月亮图案头光，面左站立，穿披风，左腰佩剑，左手持权杖，右手前伸。右侧为贵霜文"玛奥"，左侧为国王徽记。

图 11　1 第纳尔金币
正面：胡维色伽一世半身像。国王戴圆顶头盔，有护耳，面朝左。身穿长袍，领部环绕着装饰精美的项圈。右肩有火焰纹，右手执权杖，左手执象钩。外圈贵霜文"王中之王 贵霜王 胡维色伽"。
背面：大地女神娜娜立像。大地女神有头光，右手持魔杖，右行。左侧贵霜文"娜娜"，右侧为国王徽记。

图 12　1 第纳尔金币
正面：胡维色伽一世半身像。国王有头光，面左。头戴缀满珠宝的尖顶头盔，身穿华贵礼服。右手执权杖，左手执长矛。外圈贵霜文"王中之王 贵霜王 胡维色伽"。
背面：丰饶女神阿多赫索立像。丰饶女神双手持丰饶角，右行。左侧贵霜文"阿多赫索"，右侧为国王徽记。

图 13　1 第纳尔金币
正面：胡维色伽一世半身像。国王有头光，面左。头戴缀满珠宝的尖顶头盔，身穿华贵礼服。右手执权杖，左手执长矛。外圈贵霜文"王中之王 贵霜王 胡维色伽"。
背面：丰饶女神阿多赫索立像。丰饶女神双手持丰饶角，右行。左侧贵霜文"阿多赫索"，右侧为国王徽记。

6.婆苏提婆一世（约公元 192~237 年）

婆苏提婆一世即出现于《三国志·魏书》中被封为"亲魏大月氏王"的波调。从婆苏提婆一世统治末期起，萨珊波斯侵入贵霜帝国领地，几年之内便征服了贵霜故地的巴克特里亚和犍陀罗，使得贵霜的统治中心被迫向印度地区的克什米尔、旁遮普和秣菟罗转移。他在位时，制有 1 第纳尔与 1/4 第纳尔的金币，数量较大，其金币背面绝大多数是湿婆与公牛的形象（图14）。

图 14　1 第纳尔金币
正面：婆苏提婆一世立像。祭祀的姿势类似迦腻色伽，但身穿全副武装的盔甲。有头光，头戴尖顶带护耳头盔，盔后系有飘带。左腰佩剑，左手执三叉戟，右手正给祭坛敬献。外圈为贵霜文"王中之王 贵霜王 婆苏提婆"。
背面：湿婆像。其头部左右卷发并配有头饰，上身赤裸，下身左手执三叉戟，右手执环形头带，立于神牛面前，牛头在左。左侧有贵霜文"奥索"，右侧为国王徽记。

7.迦腻色伽二世（约公元 237~240 年）

迦腻色伽二世在位时期，随着贵霜帝国丢失最重要的大夏和犍陀罗，其经济文化核心地区受到了严重破坏，王朝统治中心也随之转向中印度。其金币图案与婆苏提婆一世类似，只是在正面左边祭火坛上多了一支三叉戟，并增加了各种婆罗迷字母戳记。相比迦腻色伽一世高达 95％的金币纯度，迦腻色伽二世第纳尔金币的纯度只有约 85％（图 15）。

图15　1第纳尔金币
正面：迦腻色伽二世立像。延续了戎装国王献祭的模式，但甲胄中部垂下两根飘带，并且祭坛后还有另一柄三叉戟。祭坛旁、两脚间、左臂旁有婆罗米字母戳记。外圈贵霜文"王中之王　贵霜王　迦腻色伽"。
背面：湿婆像。有头光，头部左右卷发，左手执三叉戟，右手执环形头带，立于神牛前，牛头在左。右侧有贵霜文"奥索"，左上侧为国王徽记。

8.瓦希色伽二世（约公元240~250年）

瓦希色伽二世仍然占据着秣菟罗和旁遮普地区，但是帝国受到严重的外来威胁，国家财富持续减少。其金币继承前代风格（图16、17）。

图16　1第纳尔金币
正面：瓦希色伽二世立像。延续了戎装国王献祭的构图，但甲胄之鳞片不太明显，祭坛旁另有一柄三叉戟。双脚中间和两侧有婆罗迷文戳记。外圈贵霜文"王中之王　贵霜王　瓦什色伽"。
背面：丰饶女神像。她头戴皇冠，坐在高背王座的中央。有头光，左手拿丰饶角，右手持绶带。左上侧为国王徽记，右侧为贵霜文"阿多赫索"。

图17　1第纳尔金币
正面：瓦什色伽二世立像。延续了戎装国王献祭的构图，祭坛后另有一柄三叉戟。外圈贵霜文"王中之王　贵霜王　瓦什色伽"。
背面：湿婆像。延续了湿婆和神牛像的构图，湿婆有头光。右侧有贵霜文"奥索"，左上为国王徽记。

9.婆苏提婆二世（约公元270~300年）

婆苏提婆二世统治期间，后期贵霜的政治中心秣菟罗毁于外来势力的入侵，贵霜帝国的历史进入了最后的篇章。其金币质量低劣，风格类似，简约而抽象（图18）。

图18　1第纳尔金币
正面：婆苏提婆二世肖像。延续了戎装国王献祭的构图，但人物较为呆板。右侧有婆罗迷文"婆苏"。
背面：丰饶女神像。延续了丰饶女神坐像的构图，但人物较为呆板。右侧有贵霜文"阿多赫索"。

10.沙卡（约公元300~320年）

作为4世纪以后的贵霜王朝末期统治者，沙卡的统治范围十分狭小。其铸币存世较多，早期成色和重量较高，晚期铸币成色和重量较低（图19）。

图19　1第纳尔金币
正面：沙卡立像。延续了戎装国王献祭的构图，人物十分瘦长，甲胄的圆点明显。右侧婆罗迷文"沙卡"。
背面：丰饶女神像。延续了丰饶女神坐像的构图。左上为国王徽记。

11.伽达哈拉（约公元320~340年）

属于贵霜晚期铸币，成色、重量都有所减低，金币的正背面均与沙卡铸币大体相同（图20）。

图20　1第纳尔金币
正面：伽达哈拉立像。延续了戎装国王献祭的构图。右侧为婆罗迷文"伽达哈拉"。
背面：丰饶女神像。延续了丰饶女神坐像的构图。左上为国王徽记。

12.卡普纳达（约公元340~360年）

属于贵霜晚期铸币，成色、重量都有所减低，有些甚至只有6克左右。金币的正背面均与前代大体相同（图21）。

图21　1第纳尔金币
正面：卡普纳达立像。延续了戎装国王献祭的构图。右侧婆罗迷文"卡普纳达"。
背面：丰饶女神像。延续了丰饶女神坐像的构图。左上为国王徽记。

贵霜帝国金银币，正背面内容均丰富多彩，类型多样，在冶炼铸制、币面图案、文字符号应用等多个方面，融汇了当时中国、希腊、罗马、波斯、印度等东西方民族的文化元素。

大月氏和丘就却时期的银币，基本上沿用巴克特里亚地区希腊人统治者的本位和类型，只是在铭文和图像上加以变化。

威玛·卡德菲西斯金币有三大特点：一是在印度首次引入金币；二是贵霜民族的特征趋于明显；三是印度化的程度加深。他将自己的肖像雕刻在金币的正面，同时将湿婆神像雕刻在金币背面。金币上的国王总以同样的姿势出现：头戴贵霜皇室传统的皇冠，左手持三叉戟或矛，右手向祭坛贡献，神色威严端庄，体现出了帝国强盛时期的权力威严。在这种对国王形象的崭新塑造中，威玛被赋予了神性，成为一位具有火焰光环和上帝天性的现实生活中的神，成为湿婆的化身。这说明贵霜王朝可能存在一种信仰，国王在现实中被神化，死后则在圣坛中被崇拜。

伽腻色迦一世是贵霜帝国历史上著名的伟大的君王，在他的领导下，贵霜帝国更加强盛。伽腻色迦一世是第一位在钱币上帝王头像上铸有光环的皇帝，以此来彰显自己神圣的地位和身份。钱币背面的图案除了希腊的太阳神、月神、火神等外，还有印度的佛陀、湿婆，波斯的风神、水神、火神、战神、胜利之神、生命之神、幸运女神、太阳神、月神等。他们极有可能是国王神圣供养对象中的一部分，同国王的图像一齐被置于贵霜王朝的圣坛之中。这也是《大唐西域记》中，迦腻色伽之时"王风远被，殊俗内附"的证明。

在胡维色迦一世金币的正面，我们发现国王肖像的新变化。国王的半身像重新出现在山峦和云彩之中，服饰和王冠的样式也呈现出多样化的趋势，很可能代表了其漫长统治的不同阶段。其金币背面诸神也同迦腻色迦一世一样，十分复杂，代表了鼎盛时期贵霜王国对各宗教的开放和宽容。

贵霜后期始于婆苏提婆一世时期，伊朗地区由于萨珊王朝崛起而形成统一政治力量，贵霜帝国因此相继失去了巴克特里亚和犍陀罗的大批领土。从婆苏提婆这一典型的印度人名来看，此时的贵霜已经充分融入克什米尔、旁遮普和秣菟罗等印度地区的文化中了。从婆苏提婆一世开始，金币正面的国王总是头戴护盔、身披铠甲的戎装形象，体现出了这一时期战争频仍的特点。并且金币的制作工艺和以前相比，也显得粗陋起来。

贵霜后期金币的背面主要有两种形象，一种是湿婆立像与公牛，一种是大地女神阿多赫索坐像。婆苏提婆时期的钱币类型大大减少，其金币背面几乎全都刻绘着湿婆和公牛。他利用印度教来维护巩固自己的统治，宣扬自己是湿婆的化身，将自己的肖像雕刻在钱币的正面，同时将湿婆神像雕刻在钱币的背面，以向臣民灌输君权神授的观念。文献记载中的同时期贵霜，一直处于与邻国的战争阶段。婆苏提婆试图重振贵霜帝国，而集毁灭、创造和战争之神于一身的湿婆正是婆苏提婆的宗教诉求。这种金币背面的形象，也在此后的印度一直沿用数百年。

迦腻色迦二世以降，王朝统治中心转向中印度。贵霜统治者对重要资源的控制更加集中，其王朝统制经济对城市商业经济的控制加强，戳记便在此时应运而生，且使用印度中部通行的婆罗谜文。这时，贵霜所控制地区的城市商业大不如前，反映为钱币类型的单一化和本位体系的进一步动摇。

丰饶女神手持丰饶角，坐于高座上的形象，大约起源于迦腻色伽二世，流行于瓦什色伽、婆苏提婆二世及末期诸王时代。阿多赫索在中亚希腊化时期与希腊的丰收女神堤刻和印度的母神诃梨帝融合，成为这一地区为最广泛人群接受的神祇之一。后期的贵霜帝国战乱不断，失去了中亚地区的商业要道和城镇，商业贸易大为衰落。因此，农业经济收入成为国家收入的主要来源。这种情况下，丰收女神作为保障农业生产的神明，受到了贵霜后期历代国王的眷顾。

贵霜王国金银币的变化过程，反映的是贵霜帝国政治、经济的变化。初期的贵霜，继承了巴克特里亚地区的希腊文化，因此在银币上沿用了希腊的阿提克制，以及图案和文字。鼎盛时期的贵霜，疆域辽阔，商业繁荣，境内民族众多，广泛融合了希腊、伊朗、印度文化，希腊宗教、拜火教、婆罗门教、佛教并行不悖。因此迦腻色伽一世、胡维色伽一世时期的金币，背面诸神异常复杂，丰富多彩。公元3世纪以后的贵霜，由于失去了占据丝路衢道地位的巴克特里亚和犍陀罗等贵霜故地，只能移居印度马图拉等地，其繁荣的商业和包容的宗教政策也就此中断。后期贵霜完全融入了印度文化之中，其金币体现了贵霜后期农业立国的经济基础，以及金戈铁马中的风雨飘摇岁月。

婆苏提婆二世以后，后贵霜风格的第纳尔金币，在帝国灭亡之后仍被旁遮普地区的众多小邦大量制作。这一形势持续了相当长的一段时间，对早期笈多王朝钱币的形态有着极大的影响。

浅谈萨珊银币对唐代丝绸之路贸易之影响

胡琦

一、丝绸之路最初的流通货币为铜币

汉代初年，实行金铜本位，即用于赏赐和高额贸易的黄金，以及用于贸易流通的铜币。随着汉朝政府权力的逐步集中和经济的繁荣，中国经济史上首次全面性货币标准化改革就此完成，铸币权由中央政府统一行使，汉王朝五铢钱制也一直流通近 8 个世纪，是我国流通时间最长的货币。

同时期西域，主要有中亚的巴克特里亚、北印度的贵霜帝国，以及一批依附于这两大势力的小国。巴克特里亚，在我国史籍中称作"大夏"，是古希腊殖民者于公元前 3 世纪中期在中亚草原地区建立的奴隶制国家，主要行用银币和铜币。贵霜王朝，是大月氏五翕侯贵霜翕侯部落发展起来的，主要行用金币和铜币。两个国家行用货币材质和货币结构不同，但是都通行铜币，这也就决定了早期丝绸之路贸易使用铜币的习惯。

我国五铢钱出土，不仅遍布新疆各个地域，而且出土数量极多。例如，20 世纪 70 年代后期，和田县买力克阿瓦提遗址还曾一次出土过 45 公斤的西汉五铢钱，说明西域都护府建立以后，统一规范的五铢钱当时在丝路贸易中被广泛使用，成为丝绸之路贸易的主要国际货币。

公元 73 年班超出使西域后，丝路上出现了一种有趣的货币——和田马钱，这种货币至少打制到 3 世纪末。彭信威《中国货币史》认为，"希腊文化通过印度传入于阗，同原来已存在的中国文化相结合，从而产生了这种货币"。[1] 和田马钱使用的是西方货币体系中的德拉克马单位，钱币正面中央为马的形象，周边环绕佉卢文，佉卢文是希腊化地区中亚所常用的，从这几点可见其深受希腊货币体系影响；而钱币背面铭文为"六铢钱"三个汉字，又体现了中原货币"五铢钱"对其的影响。英国学者克里勃认为，和田马钱的主要特点是，它不但可以和西域原生货币进行交换，而且也可以和汉王朝的货币进行兑换，即五枚和田马钱可以兑换六枚汉王朝的"五铢"钱。随着丝绸之路的贸易繁荣，和田马钱成为东西方文化交融的产物。由此可见，汉代政府由于其发行货币质量稳定，进而影响到其他贸易国家的货币体系，出现这种情况是合乎情理的。

二、萨珊银币的出现和在中原地区的流通

波斯萨珊王朝从公元 3 世纪初立国起 400 余年间打制了大量银币，尽管其国土疆域并未延伸到我国新疆地区，但其银币却在我国有广泛出土，这表明早在魏晋南北朝时期我国就已

1　彭信威：《中国货币史》，群联出版社，1954 年，第 120~220 页。

经开始流入萨珊银币，并且很有可能在部分地区萨珊银币有一定程度的流通。这一时期，中原地区分裂与战乱频仍，通胀严重，币制混乱。与此同时，突厥等北方民族势力不断崛起与繁盛，也加入丝绸之路商业贸易，并在亚欧大陆之间频繁往返，将大量拜占庭金币和萨珊银币带入中国。

其中市面上流通的是银币，货币单位为德拉克马。历来使用的中原货币又由于种种原因不便作为国际货币，丝绸之路上的商人便把目光转向了萨珊银币。这时属于西域货币体系的拜占庭金币和波斯萨珊银币便成为丝路贸易的媒介，而由中原过去传入的铜钱以及丝路诸国的铸币便仅仅作为贸易中零钱使用。

至此，萨珊银币登上中国的历史舞台。随着丝路贸易的日渐繁荣，西域通过白银货币进行贸易的习惯，也将进一步提高在当时贸易中白银作为货币的认可度。

《魏书·西域传》载："税赋准地征租，无田者则税银钱。"[1]意为赋税多少要根据占地多少来征收租粮，没有田地的人按人丁征收银钱。当时白银仅仅被视为财富，而且政府并不制造推行银币，这里提到的银钱只能是萨珊波斯王朝打制的银币。《隋书·食货志》载："河西诸郡或用西域金银钱，而官不禁。"[2]《通典·食货典》载："河西诸郡或用西域金银钱。"这里"河西诸郡"所通行银钱，同样只能是萨珊银币。公元5世纪末，嚈哒人灭掉印度的贵霜王朝，原居住在贵霜的粟特商人成为嚈哒国的臣民。其后，嚈哒国又征服了龟兹、于阗等丝绸之路上的主要小国，从而完全掌控了丝路贸易。嚈哒起源于北方游牧民族，自立国之始就从未制造货币，其主要流通货币也是大量劫掠来的萨珊银币。粟特人则主要从事商业贸易，在公元5~8世纪的丝绸之路上踏满足迹，他们也同样携有大量萨珊银币。

丝绸之路上流通的货币从铜质货币转向了白银货币，此后繁盛的丝路贸易也使其贸易货币也开始影响唐王朝的货币体系。

三、萨珊银币开始渐渐取代原来的丝路贸易铜币

唐朝正式确立其本位币制度。唐高祖武德四年（公元621年），确立以青铜为币材铸造"开元通宝"铜钱。虽然唐代铜矿开采水平相比之前有了很大提升，但是其规模仍旧不能满足铜钱铸造的需要，这就势必导致市场上铜币长期短缺。铜币制作的种种不便，导致市场中没有足够的货币以应对高额交易，这就催生了白银作为货币的市场需求。随着大量萨珊银币的流入，白银作为货币的优点不断凸显出来。

到了中唐，在货币领域遇到一个严重问题——"钱荒"。唐代社会安定，人口数量的不断增加，更加需要大量货币以供交易。而且，开放的唐朝有着规模巨大的对外贸易，铜钱的大量外流，这样也使得可供流通铜钱的数量不断减少。唐德宗建中元年（780年），杨炎所推行的两税法规定了民众要以铜钱纳税，这样就进一步加剧了对铜钱的需求，也是钱荒问题愈演愈烈。不断增加的货币需求，使得本来货币就不够充足的唐政府流通货币的规模趋于萎缩。而这一

1 《魏书·龟兹传》，中华书局，1974年，第2266页。
2 《隋书·食货志》，中华书局，2012年。

时期佛教盛行，佛寺的用铜数量不菲（铸佛等用途）。此外，销毁铜钱铸造诸如铜镜、铜盆的行为，也在加剧钱荒。钱荒导致铜钱价值升高，通货紧缩引起的民间蓄积铜钱，也加重了钱荒问题。

钱荒导致铜钱价值升高，为保值铜币储存行为，进一步导致市面上可流通的铜币数量减少，铜币升值的趋势更加强烈，进而引发通货紧缩，加重钱荒问题。

白银在唐代有了成为货币的社会基础。我国虽然开采使用白银的时代很早，白银作为饰品早在春秋战国就已出现，作为赏赐也早在三国时期就已出现，但是白银货币被广泛使用还是到了唐代才开始有的事。首先，由于工业的发展，白银提炼水平相比之前有很大进步，并且具有了大规模银矿的开采能力，这就从技术上首先保障了白银供应。河南的桃花岭唐代银矿遗址，从唐代开始就已经开采银矿。唐《贞观政要》载："贞观十年……宣、饶二州诸山大有银坑，采之极是利益，每岁可得钱数百万贯。"[1]

其次，唐代经济发展、社会繁荣，上至皇亲国戚下至富商地主的日常生活中也大量使用金银制品，金银器的生产制造业由此得到了很大的发展。1970年西安市南郊的何家村唐代窖藏，出土了大量金银钱币和金银制品，其中有各类饮器、食器、舆洗器、药具、装饰、日用器等，还有银铤、银饼、无字银板、砝码银板、波斯银币、银质开元等。[2]大量的白银出土实例，可以证实白银的价值已经得到了当时社会各阶级的普遍认可。

更有甚者，由于白银作为货币这一观念逐渐深入人心，出现了盗铸、私铸白银货币的案例。《故唐律疏议》卷第二六疏议曰："私铸钱者，合流三千里。其作具已备，谓铸钱作具，并已周备，而未铸者，徒二年。若作具未备，谓有所欠少，未堪铸钱者，杖一百。若私铸金银等钱，不通时用者，不坐。"[3]

四、萨珊波斯银币推进了唐代丝绸之路白银货币贸易进程

以长安为中心的唐代商业贸易驿路遍布全国，又通过丝绸之路与西域各国保持紧密的联系。在初唐，大量的波斯商人往返于西域与中国，各国商人带着宝石与香料等各地的特产来交换中国的瓷器、绢帛和茶叶，他们习惯使用白银货币，所以很自然地使用银币来支付中国商人的货款。

（一）唐代政府对萨珊银币的认可

初唐曾颁布过两次赋役令，其中都不同程度涉及银钱征税问题，银钱主要就是萨珊银币，政令的主要对象是来自西域的内附蓄胡。第一次是在唐高祖武德七年（624年），第二次是在唐玄宗开元二十五年（737年）。《唐六典》卷三《户部尚书》"户部郎中员外郎"条记载："凡诸国蓄胡内附者，亦定户为九等。四等已（以）上为上户，七等已上为次户，八等已下为

1　《贞观政要》卷26，中华书局，2011年。
2　韩建武、贺达炘、王西梅、刘芃：《西安南郊何家村唐代窖藏出土的钱币》，载《西部金融·钱币研究——2008陕西省钱币学会论文汇编》，2008年，第35~44页。
3　《四部丛刊》三编27~28《故唐律疏议》卷26，上海书店，1985年。

下户。上户丁税银钱十文，次户五文，下户免之。"[1] 从魏晋南北朝到隋唐，政府并没发行金银币用作流通，唐代称量货币银块在文献中只会使用"银锭""银铤""银饼"来记述，绝对不会使用"银钱"的说法。虽然也出现过金银币用于宫廷赏赐的记录，但大多属于皇室贵族赏玩性质。而且，金银币在考古工作中发现数量极少。因此，唐前期对内附藩胡的征税银钱只能是外来银币，即萨珊银币。这就说明在大唐境内萨珊银币已初步具备法定货币的职能，且被唐政府公开认可。

西北地区使用萨珊银币的情况还有大量佐证。玄奘《大慈恩寺三藏法师传》曾载他在离开高昌国时获赠"银钱三万"[2]；《大唐西域记》也载有阿耆尼国和屈支国"货用金钱、银钱、小铜钱"[3]。这两个国家就是丝路上著名的焉耆国和龟兹国，"金钱"指的是拜占庭帝国的打制金币，"银钱"就是萨珊银币。通过丝绸之路联系在一起的中西亚和欧洲诸国大都拥有金银货币文化，且主要以银币与更远的拜占庭王朝通商。唐朝与西方国家的贸易往来，使得萨珊银币被大量用于商品货物交换和税收。因为唐代既无铸造银钱用于流通的官方行为，更是严厉禁止私铸货币，用于交换与税收的银钱只能是通过丝绸之路传入中原的，其中银币也只能是萨珊银币。

（二）唐代政府鼓励境外输银

《全唐文》卷九八一载"对市贾为胡货判"提到一个案例：

> 甲为市贾为胡货物，有犯禁者。大理以阑出边关，论罪至死。刑部覆云："贾人不知法，以误论罪，免死从赎。"对："货以贸迁，日中为市；化能柔远，天下通商。爰诘犯禁之人，以明有截之制。矧惟市贾，实主贩夫，竞彼锥刀，当展诚而平肆；取诸噬嗑，方易有而均无。既泉布之攸归，何器用之或异？梯山款塞，胡虏初喜其来王；怀宝越乡，周官方验其不物。事既告于边吏，罪方书于贾人。且观尔实来，则银钱是入；既按其阑出，何玺节无凭？举货既丽于司关，附刑当置于圈土。一成定法，理官可贷其全生；三宥是思，宪部宜允于从赎"。

唐代的某位商人出关交易时被查获携带了违禁货物，大理寺按照律令定为死罪，但刑部则提出不同意见来为商人开脱，其主要证据就是商人归来的时候"银钱是入"，即带来了大量的萨珊银币。可见，唐代政府是非常鼓励从境外输入银钱的，甚至可以免除死罪。

自1915年英国探险家斯坦因（Stein）在新疆吐鲁番首次发现波斯萨珊王朝银币以来，新疆、陕西、内蒙古、宁夏、河北甚至东南沿海的广东等地也多次发掘出土有萨珊银币。有学者根据吐蕃文书对高昌国的相关研究，辅以已经发现的萨珊银币分布情况，认为高昌国曾广泛流通萨珊银币。自北朝到隋唐，萨珊银币大量流入了中国西北地区。有的学者甚至还指出，这和在

1　《唐六典》卷三《户部尚书》，中华书局，2008年。
2　《大慈恩寺三藏法师传》，卷二，中华书局，2000年。
3　《大唐西域记》卷一，中华书局，2012年。

FIFTH CENTURY SASANIAN COINS FOUND IN GUANGDONG PROVINCE, SOUTHERN CHINA

中国广东省发现的 5 世纪萨珊银币

（英）Joe Cribb　王伟力 译

In 1984 a hoard of gold and silver objects was discovered during agricultural construction work at the village of Bianwan in southern China. This lies to the east of Suixi city, close to the west bank of the Xixi river, which flows into the inlet at the port of Zhanjiang city in Guangdong province. Apart from gold and silver vessels and jewellery, there were 20 Sasanian coins in this hoard. These provide datable evidence of the maritime trade between Iran and south China during the early medieval period and complement the Iranian/ Central Asian style vessels in the hoard.

1984 年，中国广东省湛江市遂溪镇便湾村的一农业建筑工地上发现了一处金银窖藏。除了金银器皿和珠宝外还有 20 枚萨珊银币。这为中世纪初期伊朗和中国南方的海上通商提供了可靠史证，也补充印证了窖藏中的伊朗 / 中亚式器皿。

Not all the coins have been examined, but from the original report (Chen Xue'ai 1986), from subsequent publications (e.g. Lam 1985, Ding 1996, p. 72, Li 2018), and from the images of coins provided by the Suixi Municipal Museum, via Nicholas Sims-Williams and Bi Bo, an understanding of the hoard's contents can be constructed. The original report, and most of the subsequent publications (e.g. Ding 1996, p. 72, Watt 2004, pp. 20-22) referring to the find, misidentify the coins as issues of Shapur III (383-388 CE) and Peroz (457-484 CE). Thierry (1993, p. 93) in his *inventory of Sasanian coins found in China* recognised that the second phase coins of Peroz were the earliest coins in the hoard and identified the coins of Walkash and Kavad I, but read the name of the king on the reverse of both as dates and so placed the coin of Kawad I in his second reign. To confuse the matter further, in his discussion he mistakenly reattributed the coins of Walkash to Zamasp (497-499 CE), but correctly assigned the Kawad I coin to his first reign.

虽然未能研究全部银币，但根据原始报告（陈学爱《广东遂溪县发现南朝窖藏金银器》）、随后的出版物和公布的信息以及遂溪博物馆提供的照片，还有尼古拉斯·西姆斯·威廉姆斯和毕波对此的理解，可以初步理清窖藏银币的信息。原始报告作者认为这些银币由沙普尔三世（公元前 383～前 388 年）和佩罗兹（公元前 457～前 484 年）发行的。另外，蒂埃里在其作《中国发现的萨珊银币》中提出该窖藏中最早的为佩罗兹 2 期打制币，其他则属于巴拉什和卡瓦德一世。但他根据背面的国王名认为这些银币打制于卡瓦德一世 2 期统治，更麻烦的是在后续研究中他误把巴拉什时期的银币算入贾马斯普时期（公元前 497～前 499 年），但却修改了之前的结论，把卡瓦德一世银币归入 1 期统治时期。

The attributions presented here show that the earliest coins in the hoard are from the early reign of Peroz (457-484 CE) and the latest coin is from the first reign of Kawad I (488-497 CE), so their issue can be dated from before c. 474 to 488-497 CE. The condition of the coins does not suggest a long period of circulation, so the group was probably assembled during Kawad I's first reign itself. The circulation of all these coins together is consistent with the Sasanian currency system of the period. It is not easy to say how long after their coming together they were exported to China. It is only possible to set a terminus post quem for their export at the beginning of the issue of this type of coin in 488 CE.

以上研究证明窖藏银币上限为和佩罗兹（公元前 457~前 484 年）统治初期，下限为卡瓦德一世 1 期统治（公元前 488~前 497 年），因此发行时间大约始于公元前 474 年，而终于公元前 488~前 487 年之间。银币状况显示未经长期流通，因此可以认定这部分银币汇聚在一起的下限为卡瓦德一世 1 期统治阶段。可以明确这些银币在当时萨珊是流通过的，因此很难判断这些银币被打制后，究竟过了多久才被运到中国。只能认定来华下限不会早于公元前 488 年的发行初期。

All the coins seen, but one, have been pierced with a single hole so they can be hung from a necklace or stitched to clothing. One example has two holes, and perhaps another (Ding 1996, p. 72, fig. 2.27 a–b). It is not possible to tell whether this happened before or after their export, as there are both single and double pierced examples of Peroz and Kawad I coins collected in Iran in the Iran National Museum (Curtis et al. 2010, vol. 1, nos. 258, 271, 276, 299, 300). Their use as ornaments does, however, suggest that they were not deposited in Bianwan until some time after they were assembled. It seems likely that they were buried at a date in the sixth century.

除了 1 枚外，其他所有银币上都有 1 个钻孔，方便挂在项链上或缝在衣物上，有 1 个上有 2 个钻孔，其他 1 个也可能有。目前无法判断钻孔是在伊朗打制的还是在中国打制的。鉴于伊朗国家博物馆收藏的某些佩罗兹 / 卡瓦德银币上也有钻孔。不过它们的装饰用途说明这些银币是在使用过一段时间后才被埋藏，时间可能是公元 6 世纪。

There are two other recorded finds of Sasanian coins in Guangdong province, but the coins have not previously been correctly attributed beyond being issues of Peroz (Feng 1961; Ding 1996; Li 2018). A find at Yingde, about 100 km to the north of Guangzhou, came from a tomb, datable by inscribed bricks giving dates of Jianwu year 4 (497 CE) and Yongyuan year 1 (499 CE), said to contain coins of Peroz. From the illustrations in the report, the coins are recognisable as issues of Peroz, from both his second and third phase of coinage (see YD 1-3). The coins are pierced for use as ornaments, like the coins from Bianwan. The report by Thierry (1993, p. 93), misread the mints on these coins and the name of Peroz on the reverse of one of them as a date.

The other find was made in tomb 3 at the Nanhua temple at Qujiang, about 50 km north of Yingde, and consisted of nine cut quarters of Peroz drachms, 2 also of both his second and third phase (QJ 1-9). There is no evidence of these coins being pierced.

广东省还有另外 2 处萨珊银币窖藏发现，但这些银币之前没能正确归入佩罗兹时期。在广东英德一古墓中发现的佩罗兹银币，是通过墓砖上的年份（公元前 497 年和公元前 499 年）来确定的。根据考古报告提供的图片，这些银币属于佩罗兹 2/3 期统治。和便湾村发现的一样有钻孔用于装饰。不过此前有人却误把这些银币的铸币厂记号和背面的佩罗兹名称当作辨认时间的证据。另外一处则在距离英德以北 50 公里的衢江南华寺 3 号墓，当中有 9 块佩罗兹银币残片，属于其第 2/3 期，没有发现有钻孔的痕迹。

Although the treatment of coins in each of the three finds varies, with one or two holes or cut into quarters, the range of coins is very similar. The Suixi Hoard seems to represent a slightly later arrival, but the later coins are rarer than the coins of Peroz, so the smaller groups may be of a similar date and simply missing the rarer coins. The mints present in the hoards show the coins to be mostly from western Iranian mints, apparently suggesting that they were exported through the Persian Gulf.

虽然以上 3 处发现中的银币状况有钻孔和切块等情况，但被掩埋时间相差无几。遂溪窖藏时间可能稍晚一些，然而，这些窖藏中打制时间偏晚的银币的数量要少于佩罗兹银币。因此如不考虑这些偏晚银币，这些佩罗兹银币很可能是抵达中国不久后就被掩埋了。根据记号判断这些银币可能由西伊朗的铸币厂打制，通过波斯湾运入中国。

However, the coins of Peroz's eastern mints are very scarce (Schindel 2004, vol. 1, pp. 188–189), so one cannot use their absence as an indicator of the locality of the point of departure for the export of these coins. A similar distribution of mints can also be seen in the finds of Peroz coins in northern China and coins countermarked in Central Asia (northern Afghanistan and Uzbekistan) (see Table A). The mints of the Peroz coins from the Guangdong finds, therefore, reflect the normality of the currency of Peroz drachms in both Iran and in Central Asia. The finds in northern China are presumably exports via Central Asia. It is only the discovery of these finds in South China that raises the question of their arrival by the maritime route starting from the Persian Gulf.

然而佩罗兹的东部铸造厂非常稀少，因此，无法用铸币厂的位置判断这些银币的海运出发港口是否与铸币厂位置有关。类似的铸币厂分布情况也可以从中国北方和中亚地区发现的佩罗兹银币和戳记币上看到。广东发现的佩罗兹银币铸币厂也反映了该币在伊朗和中亚流通的广泛性。中国北方发现的银币可能通过中亚进入。中国南方的发现则引起对波斯湾商路运输银币问题的思考。

In the Qujiang find, there is a coin which appears to have a Central Asian countermark in Bactrian script, showing its earlier circulation in northern Afghanistan or Uzbekistan. In the British Museum, the Hermitage Museum, and in a private collection now in the Ashmolean Museum, there are four examples of Peroz coins carrying this countermark (Göbl 1967, Vol. 1, pp. 194–195, countermark 84). Gobl lists 25 Peroz coins with Central Asian countermarks, which show a similar range of mints to the Guangdong finds (see Table A).

衢江出土的残片上有中亚巴克特里亚文字戳记，说明这些银币此前曾在北阿富汗和乌兹别克斯坦流通过。在英国和俄国博物馆中也有 4 枚打有相似戳记的佩罗兹银币，而一份统计了 25 枚佩罗兹银币上中亚戳记的名单则显示与广东发现银币样本有类似的铸币厂。

Examples of Peroz coins with Central Asian countermarks are in the National Museum of Iran (Curtis et al. 2010, vol. 1, nos. 227, 238 and 278), suggesting that coins current in Central Asia could circulate back into Iran, so the countermarked coin cannot be used as firm evidence of the import of the Qujiang coins overland into China via Central Asia. The strongest indication from the coins in the Suixi Hoard of it having arrived by sea, are the latest coins in the hoard, issues of Walkash and Kawad I which were made at the mint of Karzi in Fars in south-western Iran. Karsi was the closest mint to the port of Siraf (Schindel 2004, Vol. 1, p. 177), the main Sasanian port on the Persian Gulf. These coins therefore suggest the Suixi Hoard coins were assembled in that vicinity, soon after the production of the Walkash and Kawad I coins, and therefore they would most likely have been exported from Iran to China by sea.

伊朗博物馆保存的有中亚戳记的佩罗兹银币显示在中亚流通的银币可以流回伊朗，因此衢江银币样本无法说明这些银币是通过中亚陆路入华的。遂溪窖藏银币样本则显示它们更有可能来自海路。该窖藏的巴拉什和卡瓦德一世银币在位于西南伊朗的法尔斯卡兹铸币厂打制，距离萨珊波斯湾的主要港口西拉夫港很近。因此可以认为窖藏中的巴拉什和卡瓦德一世银币在打制后不久就随商船通过海路抵达中国。

Although there is plenty of evidence for the currency of Sasanian silver drachms in early medieval Xinjiang from the mid-sixth century until the end of the seventh century (Wang 2004, pp. 34–36; 75–92; Thierry 1993, pp. 96–99), the finds from Guangdong province do not fit into such a system. They were all imported before the adoption of Persian silver coins as money in Xinjiang and have all been converted into forms which lend themselves for use as ornaments. They are also more frequently found in tombs or hoarded with precious objects, which likewise points to their use as personal decorations rather than as money. The finds of Peroz coins from northern China show a similar non-monetary context. The Suixi Hoard coins appear therefore to have probably been imported as traded goods, rather than as the means of trading, as exotic ornaments rather than as money. Their function as ornaments makes it difficult to assess their date of deposit. The only indication that they might have been deposited soon after their arrival comes from the related find at Yingde, where the coins were deposited in a grave, c. 499 CE.

尽管在新疆也发现了不少从公元 6 世纪中期到 7 世纪末的萨珊银币，但广东省的发现却与新疆的有许多不同。广东的银币样本时间早于新疆的波斯银币，在被当作通货使用的同时，也被当作装饰物。这些银币均出土于墓葬和窖藏，是与其他珍宝一起掩埋的。中国北方发现的佩罗兹银币也有类似被作为装饰的使用痕迹。遂溪窖藏银币应该是作为商品，或是作为一种异域奢侈品被带入中国，而非贸易通货。而特殊用途使判断埋藏时间更加困难。只有英德墓葬中的银币样本可以证明可能是在抵达中国后不久，于公元前 499 年被埋葬。

广东省遂溪县发现的萨珊银币选图

注：原文发表于 Journal of *the Oriental Numismatic Society* No. 236 Summer 2019，经作者及编辑 Karan Singh 授权后同意发表中文版，有删改。

义乌博物馆馆藏丝路货币——安息银币之刍议

陈鲲

汉代以前，中国与帕米尔高原（古称"葱岭"）以西的中亚、西亚，以及印度就有着经济与文化的交流，只是规模有限，影响并不广泛。及至汉代张骞出使西域以后，横跨欧亚大陆的洲际交通线、贸易线得以渐次开通，从而使民间的、自发的、无组织的交通联系渐变为官方组织并保护的贸易干线。这条以中国为起点，罗马为终点，约计7000公里之遥的商路，被后世称为"丝绸之路"。当然，丝绸之路带来的不光是经济交流，还包括古代政治、宗教、军事、文化等诸多方面。诚如有的学者所论丝绸之路既是民族迁徙之路、军事征服之路、信仰传播之路、朝贡贸易之路，也是富商大贾周游经涉之路，而不仅是商品流通之路。

人们把张骞出使西域比作"凿空"之旅，这个比喻十分形象，好似原本阻塞密闭的围墙被凿开了一孔，西汉时期的中国人由此接触到了外面的世界。而张骞听闻的"最为大国"便是"安息"，司马迁在《史记·大宛列传》中记载：

> 安息在大月氏西可数千里。其俗土著，耕田，田稻麦，蒲陶酒。城邑如大宛。其属小大数百城，地方数千里，最为大国。临妫水。有市。民商贾用车及船行旁国，或数千里。

这里记载的"安息"国（公元前247~前224年），又称"帕提亚帝国（Parthian）"，是丝绸之路上最为重要的国家之一，位于伊朗高原东北。公元前247年，原希腊化国家塞琉古王国东部行省"帕提亚"的总督宣布独立，但随后不久，又被居于里海东南库斯河流域的斯基泰（Scythians）人中的一位游牧部落首领阿萨克斯推翻，这就是阿萨克斯一世（Arsaces I，公元前247~前211年）。他建立起的阿萨克斯王朝在中国古籍中被称为"安息"。

安息建国之后，经过80年的发展，到米特里达提一世时，拓展到两河流域和波斯湾一带，国力日盛。至米特里达提二世（约公元前124~前88年），安息成为欧亚内陆帕米尔以西、里海南部从印度西北部到亚美尼亚广大疆域的霸主，是丝绸之路沿线最大的国家，与同时期的汉朝、罗马、贵霜并称欧亚四大强国。

公元前115年，汉武帝的使臣与安息的官方代表取得了联系，丝绸之路上两个最主要的大国建立起了外交关系。此后，安息国陆续遣使至汉，文献记录有：

> 《史记·大宛列传》："（公元前110年）遣使随汉使来观汉广大，以大鸟卵及犁轩善眩人献于汉"。
>
> 《后汉书·西域传》，"（公元87年）遣使献狮子、符拔。符拔形似麟而无角。"
>
> 《后汉书·和帝刘肇》："（公元88年）安息国遣使献狮子、扶拔。"

《后汉书·西域传》:"(公元94年)班超击破焉耆后,五十余国悉纳质内属,其条枝、安息诸国至于海濒四万里外,皆重译贡献。"

《后汉书·西域传》:"(公元101年)安息王满屈复献狮子及条枝大鸟,时谓之安息雀。"

安息与汉朝积极往来300多年,西亚与地中海的物产与文化也传入了中国。

关于安息与丝路文化的研究,中西方相关文献资料都十分匮乏,我们不得不将目光转向考古发现与文物的研究。安息近500年的立国时间里,在丝路沿途留下的实物遗存相对丰富,如钱币、城市遗迹、浮雕、宗教遗址等等。特别是钱币,安息早期政治史几乎离不开钱币学的研究。因为钱币的铭文、图案、币制都直接反映出特定时期的帝王信息、传承关系,以及文化特征。《史记·大宛列传》,有中国关于安息的最早记述,对其行用的钱币也进行了准确的描述:

以银为钱,钱如其王面,王死,辄更钱效王面焉。

钱币上头像的变换,意味着帝王的更迭,将各种安息银币排列起来,就如同一组历史年表,安息历经39帝,出现在钱币上的不少于32位。米昔勒(Mitchiner)从整理过历代安息帝王资料如下表:

安息帝国(帕提亚王朝)王系表

序号	王　名	在位年代	说　明
1	阿萨克斯一世	公元前247~前211年	开国君主
2	阿萨克斯二世	公元前211~前191年	一之子
3	费雷亚帕修斯	公元前191~前176年	二之子
4	弗拉特斯一世	公元前176~前171年	三之子
5	米特拉达特斯一世	公元前171~前138年	四之子
6	弗拉特斯二世	公元前138~前127年	五之子
7	阿塔巴努斯一世	公元前127~前123年	五之子、六之弟
8	米特拉达特斯二世	公元前123~前88年	七之子
9	戈塔泽斯一世	公元前90~前80年	西部篡位王
10	奥罗德斯一世	公元前87~前77年	米特拉达特斯家族
11	西纳特鲁克斯	公元前77~前70年	米特拉达特斯家族
12	弗拉特斯三世	公元前70~前57年	十一之子
13	大流士	公元前70年	米底亚王
14	米特拉达特斯三世	公元前57~前54年	十二之子
15	奥罗德斯二世	公元前57~前38年	十二之子
16	帕柯罗斯一世	公元前39	十五之子,先于其父尔逝
17	弗拉特斯四世	公元前38~前2年	十五之幼子
18	梯里达特斯一世	公元前29~前27年	篡位王,后逃罗马
19	弗拉塔克斯(弗拉特斯五世)	公元前2~公元4年	十七之幼子,与其母谋杀其父
20	奥罗德斯三世	公元4~7年	阿萨克斯家族

续表

序号	王　名	在位年代	说　明
21	沃洛奈斯一世	公元 8~12 年	十七之长子，曾被质于罗马
22	阿塔巴努斯二世	公元 10~38 年	阿萨克斯家族
23	瓦尔达尼斯一世	公元 40~45 年	二十二长子
24	戈塔泽斯二世	公元 40~51 年	二十二幼子，与兄共帝并杀兄
25	沃洛奈斯二世	公元 51 年	原为米底亚王
26	沃洛加西斯一世	公元 51~78 年	二十五之子
27	瓦尔达尼斯二世	公元 55~58 年	二十六之子，长期叛乱
28	沃洛加西斯二世	公元 77~80 年	篡位王
29	帕柯罗斯二世	公元 77~105 年	篡位王
30	阿塔巴努斯三世	公元 80~81 年	篡位王
31	沃洛加西斯三世	公元 105~147 年	二十八之子
32	奥斯罗斯一世	公元 109~129 年	二十九之女婿
33	帕萨马斯帕斯特	公元 116 年	三十二之子，罗马人的傀儡王
34	米特拉达特斯四世	公元 140 年	篡位王
35	沃洛加西斯四世	公元 147~191 年	不明
36	奥斯洛斯二世	公元 190 年	可能是三十四之子
37	沃洛加西斯五世	公元 191~208 年	可能是三十五之子
38	沃洛加西斯六世	公元 208~228 年	三十七之子
39	阿塔巴努斯四世	公元 216~224 年	三十七之子

义乌博物馆馆藏有 9 枚安息钱币，分别是：

图 1　戈塔泽斯一世 1 德拉克马银币
公元前 90~前 80 年。直径 19~20 毫米，
重 3.9 克。

图 2　奥罗德斯一世 1 德拉克马银币
公元前 87~前 77 年。直径 18~20 毫米，
重 4.1 克。

图 3　奥罗德斯二世 1 德拉克马银币
公元前 57~前 38 年。直径 16~17 毫米，
重 3.0 克。

图 4　弗拉特斯四世 4 德拉克马银币
公元前 38~公元 2 年。直径 26 毫米，
重 12.9 克。

图 5　阿塔巴努斯二世 1 德拉克马银币
公元 10~38 年。直径 19~21 毫米，重
3.6 克。

图 6　戈塔泽斯二世 4 德拉克马银币
公元 40~51 年。直径 25~27 毫米，重
14.4 克。

图 7　瓦尔达尼斯二世 4 德拉克马银币 公元 55~58 年。直径 24~25 毫米，重 14.4 克。

图 8　沃洛加西斯四世 1 德拉克马银币 公元 147~191 年。直径 20 毫米，重 3.3 克。

图 9　沃洛加西斯四世 4 德拉克马银币 公元 147~191 年。直径 27~28 毫米，重 13.1 克。

结合馆藏及其他出土的安息钱币，可以发现：

一、币制特点：银质为主，成色纯正。唯到帝国后期时，银币的成色下降。银币一般以德拉克马为单位，常见的有 1 德拉克马（1 Drachma，3.8~4 克）、4 德拉克马（Tetradrachma，14~16 克）两种。银币手工打制，圆形无孔。另有少量小型的银币、铜币或做辅币使用。小银币以奥波（Obol）为单位，1 德拉克马等值 6 奥波。铜币以查柯（Chalkous，重约 2 克）为单位，1 奥波等值 8 查柯铜币。

二、银币文字：受希腊文化的影响，安息王国自称是希腊人之友，是希腊文化的爱好者，是故文字上长期使用希腊字母，大多排列成规则的框形。后来有将希腊字母变体使用，现今已识别困难。后期出现巴列维文（Pahlevi）和阿拉米文（Aramaic）。钱币的铭文多有"称号"或"口号"之语，有宣扬帝王的骄傲或仁慈之意。例如：阿萨克斯大王、王中之王、爱希腊者、圣者、尊父为神者、爱兄弟者、独立为帝者、显贵者、施恩者、爱父者、胜利者、正直者、爱罗马者、创立者等。部分银币带有纪年甚至纪月。此外，有的银币的框状币文之中，带有铸造地的希腊文缩写字母，如 M 代表马尔吉亚那（Margiana），NI 代表尼萨（Nyssa）。

三、银币的图案：正面为侧脸王像图案，就头饰而言，有头戴典型游牧民族式风帽王像、束发带式王像、波斯冕冠王像三种类型。背面图案有希腊神祇宙斯（Zeus）、赫拉克勒斯（Herakles）德默忒尔（Demeter）、东方神祇提喀（Tyche）等表现君权神授的场景，其中以牧人持弓坐像最为常见。

安息作为连接欧亚大陆东西两端的枢纽和桥梁，始终促进着中西方的经贸往来与文化交流。至于安息的银币，也随着东西方频繁的交往，而流传至欧亚大陆的各个地区，我们可以看到安息银币在新疆、伏尔加河流域、高加索地区皆有出土，而这些银币也呈现出了多元文化的融合特征，对这些钱币的梳理，是我们丝路文化研究中的重要一环。

钱币上的拜火教及其对中国文化的影响

曹光胜

一、拜火教概述

拜火教源于琐罗亚斯德教（Zoroastrianism），系因教主琐罗亚斯德（Zoroastre）而得名，[1] 是流行于古代波斯及中亚等地的宗教，是基督教诞生之前在中东最有影响的宗教，是古代波斯帝国的国教，是摩尼教之源。中国史称祆教、火祆教、拜火教，频繁见于中国的北魏至唐代古籍中。其始通中国的时间，学界意见虽未统一，但至迟在北魏时期，却没有争议。[2]

琐罗亚斯德教的创始人琐罗亚斯德，古波斯语叫查拉图斯特拉，出身于米底王国的一个贵族骑士家庭，生活在大约公元前628~前551年，20岁时弃家隐修，30岁时声称受到神启，在东部游牧地区宣扬宗教改革，但受到当时多神教祭司的迫害。直到42岁时，阿契美尼德帝国的宰相娶他女儿为妻，将他引见给国王，琐罗亚斯德教才在波斯迅速传播。77岁时，一次战争中，他在神庙中被杀身亡。另有说法，琐罗亚斯德的生存年代要更早，琐罗亚斯德教也非他首创，而是源自更远古的继承，大约推至公元前1000年之前，以花剌子模和粟特为中心的中亚地区，早就流行琐罗亚斯德教。[3]

拜火教（琐罗亚斯德教）的教义，一般认为是神学上的一神论和哲学上的二元论。琐罗亚斯德教的经典主要是《阿维斯塔》。拜火教尊奉光明之神、善神阿胡拉·马兹达（Ahura-Mazda，图1），与其对立的则是代表黑暗的恶神阿赫里曼（Ahriman）。由于该教以火象征神，以拜火为最突出的特征，故又被教外人称为拜火教，这也是最为通俗的叫法。"光明"与"善"是拜火教的主题，"三善"（善思、善言、善行）是教徒的行为准则。[4]

图 1

1　林悟殊：《波斯拜火教与古代中国》，台北新文丰出版公司，1995年，第1~2页。
2　林悟殊：《中古三夷教辩证》，中华书局，2005年，第316页。
3　张小贵：《中古华化祆教考述》，文物出版社，2010年，第3~4页。
4　龚方震、晏可佳：《祆教史》，上海社会科学院出版社，1998年。

拜火教创立后，成为波斯阿契美尼德王朝（约公元前550~前330年）的国教，在帝国境内风靡流行。在马其顿的亚历山大帝征服波斯并实行希腊化时期（公元前330~前141年），逐渐衰落。在帕提亚王朝（公元前141~公元224年）后期，它又重新兴盛。到了萨珊王朝（公元224~651年），它重被奉为国教，到达全盛，并在中亚地区广为传播，通过丝绸之路从西域进入中国。公元7世纪中叶，阿拉伯帝国崛起征服波斯。在伊斯兰化过程中，拜火教受到伊斯兰教排斥，被迫离开家乡，移民到印度西部海岸地区定居，继续坚持其祖先的信仰，遂发展成为当今的帕尔西人（Parsis）。[1] 今天的伊朗境内尚保留有少量拜火教寺院，但规模都很小，也举行宗教仪式，内有长年不灭之圣火。

二、古钱币上的拜火教

拜火教（琐罗亚斯德教）的兴衰史在古代波斯帝国及中亚的钱币上都有所体现。

最早出现有关拜火教的钱币并不是阿契美尼德王朝的钱币，也没能在早期的帕提亚钱币上找到，而是最早出现在小亚细亚波斯行省希腊银标币；另外，公元前4世纪希腊化时代，亚历山大大帝征服波斯后，波西波利斯相对独立的波西斯王朝，按古希腊德克拉马币制所发行的钱币上也开始出现拜火教内容。

这与当时宽松的宗教政策有关。拜火教虽然被尊为阿契美尼德王朝的国教，也随着波斯帝国疆域的扩大而不断向更远地区传播，但帝国也允许其他宗教的存在，没有强迫其他地区的人民改教。因此，在阿契美尼德王朝的钱币和早期的帕提亚钱币上没有发现明确的拜火教（琐罗亚斯德教）印记。

图2为西里西亚波斯总督蒂里巴佐斯（Tiribazos）1标准银币[2]。公元前384~前383年马洛斯（Mallos）造币厂打制。直径20毫米，重10.33克。正面为巴力神（Baal，犹太教以前迦南的主神，太阳神）面左站立像，右手持鹰，左手持权杖，阿拉米文左侧为造币厂马洛斯，右侧为蒂里巴佐斯总督名；背面为阿胡拉·马兹达面向右站立，右手举花环，左手持莲花。

图2

这应该是目前发现在钱币上最早出现的琐罗亚斯德教主神阿胡拉·马兹达的形象的钱币。

图3为古波斯波西斯巴格达一世（Bagadat I）4德拉克马银币。大约公元前3世纪早期。直径28.6毫米，重16.1克。正面为巴格达一世戴基尔巴西亚（kyrbasia）风帽和耳环面右头像；背面为拜火神庙，左侧国王面右站立向神庙祈祷。

图3

1　林悟殊《波斯拜火教与古代中国》，台北新文丰出版公司，1995年，第1~2页。
2　Bradley R. Nelson, *Numismatic Art of Persia, The Sunrise Collection, Part I: Ancient-650BC To AD650*, #40, p54-55.

图 4 为古波斯波西斯奥托夫拉达提斯一世（Autoph-radates I）4 德拉克马银币[1]。大约公元前 3 世纪。直径 29.5 毫米，重 16.6 克。正面为奥托夫拉达提斯一世戴"基尔巴西亚"（kyrbasia）风帽和耳环面右头像；背面为拜火神庙，上方为主神阿胡拉·马兹达面左像，左侧国王面右站立，向神庙祈祷。

图 4

从波斯萨珊王朝开始，拜火教在波斯及周边地区达到鼎盛时期。萨珊家族崛起于伊朗西南部法尔斯。王朝的始祖萨珊是拜火教（琐罗亚斯德教）的祭司。公元 3 世纪初，其子伊斯塔赫尔（Istakhr）神庙祭司帕佩克自立为王，成为帕提亚王朝的附属国。公元 224 年，帕佩克之子阿达希尔一世推翻帕提亚王朝（安息帝国），于公元 226 年在泰西封加冕，自称"王中之王"。他进而占领原帕提亚帝国的广大地区，建立中央集权的萨珊波斯封建帝国；又北征亚美尼亚，粉碎帕提亚遗族与大月氏人的联合，巩固了帝国的边境。他以拜火教（琐罗亚斯德教）为国教。

图 5 为波斯萨珊王朝阿达希尔一世 1 德拉克马银币。公元 209~224 年。直径 23.3 毫米，重 3.7 克。正面为阿达希尔戴帕提亚式星月王冠正面头像，巴列维文币文为"神圣的阿达希尔国王"；背面为戴星月王冠的帕佩克面左头像，巴列维文币文为"帕佩克之子为神圣的国王"。

图 5

这时的钱币上虽然没有拜火坛等，但拜火教祭司帕佩克头戴帕提亚风格的象征拜火教的星月王冠出现在了钱币之上。这是萨珊王朝正式建立前的钱币。随着阿达希尔一世建立萨珊王朝并把拜火教（琐罗亚斯德教）定为国教后，拜火坛的形象始终贯穿在在萨珊王朝钱币及受波斯文化信仰影响的周边王朝国家和地方政权发行的钱币上。

图 6 为波斯萨珊王朝阿达希尔一世 1 德拉克马银币为。公元 224~241 年。直径 26.7 毫米，重 4.4 克。正面为头戴球髻束头王冠的阿达希尔一世面右像，巴列维文币文为"马兹达的崇拜者，天降伊朗的王中王，神圣的阿达希尔"；背面为拜火坛，巴列维文币文为"阿达希尔之火"。

图 6

图 7 为波斯萨珊王朝沙普尔一世 1 第纳尔金币为。公元 241~272 年。直径 21.3 毫米，重 7.4 克。正面为头戴球髻王冠的沙普尔一世面右像，巴列维文币文为"天降的伊朗王中之王，马兹达的崇拜者，神圣的沙普尔"；背面为拜火坛及两祭司（国王）手持权杖背对火坛站立，巴列维文币文为"沙普尔之火"。

图 7

图 8 为波斯萨珊王朝霍尔木兹二世 1 德拉克马银币。公元 303~309 年。直径 28.5 毫米，重 3.6

1　Bradley R. Nelson, *Numismatic Art of Persia, The Sunrise Collection, Part I: Ancient-650BC To AD650*, #571 P272-275.

克。正面为头戴球髻鹰头双翅王冠的霍尔木兹二世面右头像；背面为拜火坛及两祭司（国王）手持宝剑面对火坛站立，火焰中有正面头像（霍尔木兹二世或阿胡拉·马兹达）。

图 9 为波斯萨珊王朝沙普尔三世 1 德拉克马银币。公元 383~388 年。直径 24.8 毫米，重 3.9 克。正面为头戴球髻王冠的沙普尔三世面右头像；背面为拜火坛及两祭司（国王）手持宝剑面对火坛站立，火焰中有头像面右（沙普尔三世或阿胡拉·马兹达）。

图 10 为波斯萨珊王朝库思老二世 1 德拉克马银币。公元 591~628 年。直径 32 毫米，重 3.95 克。正面为戴星月双翅王冠的库思老二世正面头像；背面为拜火教阿娜希塔女神在火焰中的正面头像。

阿娜希塔，全称"阿尔达维·苏拉·阿娜希塔"，意为"纯洁而强大的河流"，是琐罗亚斯德教信奉的江河女神，年轻貌美，雍容大雅。《亚什特》第五篇称其为江河湖海的统领和化身，具有非凡的神力。[1] 阿娜希塔通过《阿维斯陀经》中的《水神颂》（Aredvi Sūra Anāhita），受到正统的琐罗亚斯德教徒礼拜。[2]

图 11 为萨珊王朝末代国王耶兹提泽德三世 1 德拉克马银币。648 年 BN 造币厂制。直径 35.1 毫米，重 4.1 克。正面为戴双翅王冠耶兹提泽德三世面右头像；背面为拜火坛及两祭司，祭火坛及两祭司，左侧纪年 16，右侧造币厂。

公元 632 年，萨珊王朝末代国王耶兹提泽德三世即位。此时穆罕默德创立伊斯兰教，阿拉伯人在西亚崛起，南征北战，短短 20 余年间统一阿拉伯半岛。然后四处征讨。不久，阿拉伯人开始大举入侵波斯。公元 637 年，阿拉伯军队在赛尔德·本·艾比·瓦夏斯率领下，大败萨珊军于卡迪西亚，攻下泰西封。耶兹提泽德三世兵败，于公元 651 年逃往木鹿，被一个磨坊主杀死；他的两个儿子先后逃往中国大唐寻求庇护。阿拉伯人把波斯纳入阿拉伯帝国的版图，使波斯改信伊斯兰教，历时数百年的萨珊波斯帝国最终灭亡。从此拜火教（琐罗亚斯德教）也随之衰落。

阿拉伯人在占领波斯后，在这一地区还长期打制带有拜火坛和两祭司的萨珊型的钱币，个别地方甚至沿用到公元 9 世纪。

图 8

图 9

图 10

图 11

1　任继愈主编：《宗教大辞典》，上海辞书出版社，1998 年，第 19 页。

2　张小贵：《中古粟特祆神崇拜及其源流考辨》，《欧亚学刊》第八辑，中华书局，2008 年，第 116 页，引 J. Darmestetertransl. *The Zend-Avesta*, Part II, : "The Sīrōzahs, Yasts and Nyāyis", in F. Max Müllered., SBE (Sacred Books of the East), Vol. XXIII, First Published by the Oxford University Press, 1884, reprinted by Motilal Banarsidass, Delhi, 1965, 1969, 1975, 1981, pp. 52 ~84.

图 12 为阿拉伯-萨珊总督乌拜德·阿拉·本·齐亚德（Ubayd Allah b. Ziyad，公元 673~683 年在位）1 德拉克马银币。公元 681~682 年巴士拉造币厂。直径 33.7 毫米，重 3.9 克。正面为戴双翅冠国王面右头像；背面为拜火坛及两祭司，左侧纪年 62，右侧造币厂 BCLA。

图 12

以下这些钱币体现的是拜火教不同时期对中亚及波斯周边地区的影响。

图 13 为贵霜萨珊王朝 霍尔木兹一世贵霜沙铜币。约公元 290~320 年。直径 19 毫米，重 4.17 克。正面为霍尔木兹一世贵霜沙王面右头像；背面为拜火坛，火坛上为马兹达或王的正面头像。

图 13

图 14 为布哈拉粟特王马瓦克银币。大约公元 400 年。直径 10.5 毫米，重 0.7 克。正面为马瓦克王面右头像；背面为拜火坛，四周粟特文"领主马瓦克"。

图 15 为布哈拉粟特王马瓦克铜币。大约公元 400 年。直径 15 毫米，重 1.24 克。正面为马瓦克王面右头像；背面为拜火坛，火坛上为马兹达或王的正面头像。

图 14

图 16 为布哈拉粟特王阿斯巴铜币。公元 5 世纪中叶到 6 世纪前半叶。直径 17.7 毫米，重 1.9 克。正面为阿斯巴王面右头像；背面为由布哈拉城徽组成的拜火坛，四周粟特文"阿斯巴王"。

图 17 为寄多罗布达塔那 1 德拉克马银币。公元 5 世纪中后期。直径 29.7 毫米，重 3.7 克。正面为寄多罗布达塔那王正面头像；背面为拜火坛及两祭司。

图 15

图 18 为嚈哒王朝阿尔雄白匈奴 1 德拉克马银铜合金币。公元 5 世纪中期。直径 24.5 毫米，重 3.5 克。正面为嚈哒王阿尔雄王面右头像；背面拜火坛漫漶不清。

图 19 为嚈哒王朝尼扎克王（Nezak）1 德拉克马银铜合金币。约公元 475~576 年。直径 26.1 毫米，重 3.9 克。正面为尼扎克王面右头像；背面为拜火坛及两祭司。

图 16　　　　　　　　　　图 17

图 18　　　　　　　　　　图 19

图 20 为西突厥旃檀忽哩 1 德拉克马银币。约公元 7 世纪。直径 31 毫米，重 3.3 克。正面为王面右头像，前后婆罗米文，外圈巴克特里亚文；背面为拜火坛及两祭司，两边巴列维文，外圈巴克特里亚文。

图 21 为西突厥呼罗珊特勤沙 1 德拉克马银币。大约公元 7 世纪。直径 32 毫米，重 3.95 克。正面为头戴兽首王冠的 3/4 王面右像，面前巴克特里亚文，外圈婆罗米文；背面为拜火教阿娜希塔女神在火焰中的正面头像，内圈巴列维文。

图 22 为北吐火罗地区嚈哒仿卑路斯型 1 德拉克马银币。公元 6 世纪。直径 26.16 毫米，重 2.2 克。正面为仿萨珊卑路斯型国王面右头像，加盖戳记；背面为变形的拜火坛及两祭司。

图 23 为北吐火罗石汗那地区 1 德拉克马银币。公元 6~7 世纪。直径 24.1 毫米，重 2.5 克。正面为仿萨珊式国王面右头像，加盖戳记；背面为拜火坛及两祭司。

图 24 为北吐火罗科巴迪安地区嚈哒仿卑路斯型 1 德拉克马银铜合金币。约公元 6~7 世纪。直径 29.2 毫米，重 2.7 克。正面为仿萨珊卑路斯型国王面右头像，巴克特里亚文，徽记、加盖戳记；背面为变形的拜火坛及两祭司，加盖戳记。

图 25 为布哈拉胡达特 1 德拉克马银币。约公元 725~750 年。直径 25.59 毫米，重 2.9 克。正面为仿萨珊瓦赫兰五世面右头像，头前粟特文"布哈拉胡达特（布哈拉王）"，头后变形的巴列维文；背面为变形的拜火坛及两祭司，火坛上马兹达面左头像。

图 26 为阿拔斯王朝河中地区总督埃米尔马巴德（Ma'bad b. Khalil）法斯铜币。回历 148 年（公元 765~766 年）布哈拉打制。直径 22.3 毫米，重 3.5 克。背面底部是布哈拉三点火坛徽记。

图 20

图 21

图 22

图 23

图 24　　　　　　　　　图 25　　　　　　　　　图 26

公元 7 世纪，萨珊王朝亡于阿拉伯帝国。起初哈里发对拜火教教徒表示宽容，在依法纳税后容许其保持自己的信仰；若干年后强迫琐罗亚斯德教教徒改信伊斯兰教。自此拜火教的印记在波斯和中亚及周边地方政权的钱币上消失。

三、拜火教对中国文化的影响

拜火教虽传到中国，但本身对中原影响不大，因为当初拜火教是随中亚胡商通过丝绸之路到达中国的。该教来中国并不传教，也不译经，只在胡人间传播，因此祆教也被称为"胡天教"。唐代早期及中期，国家比较开放，对各种宗教都很尊崇，当时来华经商的胡人很多，故在长安及洛阳均有火祆祠，供胡商祈福。又设萨宝府官，主祠祆神。唐朝还有"萨宝"这一官职。地方上，特别是河西走廊诸州，也有祆祠。祆教主要是在华的胡人信奉，唐朝禁民祈祭，但也有可能私下传播。波斯萨珊王朝灭亡之后，拜火教在本土衰落。唐武宗会昌年间（公元 841~846 年），禁毁佛寺，同时对西方传来的祆教、景教、摩尼教所谓"三夷教"的祠寺也加禁毁，僧徒被令还俗（会昌毁佛）。祆教在中土受到一次致命的打击，会昌以后解禁，到宋代还有残存的祆祠。南宋以后，中国典籍上罕见"祆祠"名称。

据陈垣先生考证，拜火教崇拜日月星，中国人误以为其拜天，故名其为祆教。"祆"从示从"天"，即拜天的意思，而"火祆者即火神天神之简称"。因此拜火教对中国文化最显白的影响就是为它创建了一个专有的汉字："祆"。[1]

而对中国真正产生影响的，是由拜火教的基础上产生的摩尼教。摩尼教源自古代波斯琐罗亚斯德教，并吸收基督教等教义而形成自己的信仰，公元 3 世纪中叶由波斯人摩尼（Mani）所创立。因得到萨珊王朝时期（公元 224~651 年）沙普尔一世（公元 243~273 年在位）支持而名噪一时，后遭打击被取缔，摩尼教在波斯本土不断遭到血腥迫害。但却得以东传西渐，影响遍及欧、亚、非大陆。[2]

摩尼教在武则天延载元年（公元 694 年）正式传入中国。摩尼教于公元 763 年传入回鹘，由于受到回鹘统治者的大力扶持，发展迅猛，很快成为国教。在原回鹘汗国所在地，今天的新疆和内外蒙古所出土发现的青铜"日月光金"方孔圆钱，据专家考证为信仰摩尼教的回鹘可汗发行的钱币。[3] 笔者认为它更像是摩尼教的护身符。

图 27 为日月光金钱青铜钱。直径 25.2 毫米，重 7.0克。正面为汉字隶书"日月光金"；背面为草体突厥如尼文"太阳、月亮、金星、光明"。[4]

安史乱后，因回鹘助唐平乱有功，摩尼教徒借回鹘的支持，得以在唐朝传教。唐开成五年（公元 840 年）回

图 27

鹘国破，被迫西迁，失去护法的摩尼教风光不再，唐会昌三年（公元 843 年）遭唐武宗敕禁，此后摩尼教的传播在中原地区转入民间，后来在中原地区落地产生了明教。自北宋末年起多次发生明教造反起义，元朝末年又发起红巾军起义北伐。之后明教又演变成明代末年的白莲教。

1　陈垣：《火祆教入中国考》收入《陈垣学术论文集》第一集，中华书局，1980 年，第 303~328 页。
2　元文琪：《琐罗亚斯德教与摩尼教的比较研究》，《世界宗教研究》1997 年第 3 期。
3　林梅村：《日月光金与回鹘摩尼教》，《汉唐西域与中国文明》，文物出版社，1998 年，第 387 页。
4　努尔兰·肯加哈买提：《日月光金钱胡书考》，《中国钱币》2007 年第 1 期。

四、结语

通过梳理古代钱币上出现的拜火教印记，用钱币佐证历史，展现了古代波斯及周边地区拜火教的兴衰以及对中国文化的影响。可见，丝绸之路不仅是贸易之路，同时也是文化之路，而拜火教纹饰的古代钱币则是东西方文化交流与交融的历史见证。